de Bleshof
wei
bak
wei
stallen

de Bleshof

Pepijn is de allerliefste

In de serie **De Bleshof**
zijn de volgende delen verschenen:

Nieuwe vrienden
***
Het eerste optreden
***
Een echt paardenmeisje
***
Alles voor mijn paard
***
Pepijn is de allerliefste
***
Feest op de Bleshof

de Bleshof

Pepijn is de allerliefste

NICOLLE CHRISTIAANSE

Geïllustreerd door

ivan & ilia

2e druk

KLUITMAN

Nur 282/G010702

Omslagontwerp: Design Team Kluitman

www.kluitman.nl

Bij Koninklijke Beschikking
Hofleverancier

HOOFDSTUK 1

Zal Pepijn blij zijn om me te zien? denkt Reka. En Pipo? Ik heb ze allebei gemist! Nu de vakantie voorbij is, zie ik ze veel te weinig.

Ze duwt de trappers harder rond. Reka fietst onder het bord door dat boven de oprijlaan hangt. *De Bleshof* is er met sierlijke letters op geschilderd.

„Wacht op mij," hoort Reka roepen. Ze stopt met trappen en laat haar fiets uitrijden.

„Vrijdagmiddag!" zegt Anne vrolijk als ze Reka voorbij stuift.

„Yes!" roept Reka en ze racet achter haar vriendin aan.

Anne is het eerst bij de boerderij. Ze springt van haar fiets en gooit hem tegen de muur. Twee tellen later hangt Reka's fiets tegen die van Anne. Een witte hond met bruine vlekken begroet de meisjes kwispelend.

„Ha, Spot." Reka bukt zich en aait de hond over zijn kop.

„Hier zijn we weer." Anne aait de hond ook. „We hebben eindelijk vrij."

„Twee dagen lang paarden en pony's knuffelen, stallen uitmesten en rijden," zegt Reka vrolijk.

„Vind je het niet leuk op je nieuwe school dan?" Anne zet haar bril op het puntje van haar neus en kijkt eroverheen. „Wees blij dat je de kans hebt om kennis te verwerven," zegt ze met een streng gezicht.

Reka schiet in de lach. „Ja, juf. Ik weet het, juf," weet ze er

nog net uit te krijgen.

Anne doet hun juf van school na. Ze is een oude taart, maar best aardig. „Dan is het goed, meisje." Anne blijft haar rol spelen. „Ik weet dat de scholen in de stad anders zijn, maar nu moet je je aanpassen aan het dorpse leven."

Dat zei Reka's nieuwe juf echt op de eerste dag van het schooljaar. Reka was op slag bang dat het een vreselijk jaar zou worden. Maar dat valt gelukkig mee: de juf is lang niet zo erg als ze dacht, de klas is leuk en ze zit naast Anne. Anne kent ze nu een paar maanden en in die tijd zijn ze echte vriendinnen geworden.

„Van wie is die auto met die trailer?" Een jongen met een bos bruine krullen stopt zijn fiets vlak bij de meisjes.

„Hoi, Bo. Welke auto?" Reka kijkt om zich heen. Nu pas ziet ze de rode Volkswagen die verderop op het erf staat geparkeerd. Erachter hangt een smalle trailer. „O, die." Ze trekt een scheef gezicht. „Nog nooit gezien."

„Kom, we gaan kijken wie er is." Anne wil de boerderij al in gaan.

„Ze zijn bij de grote wei," weet Bo. Hij zet zijn fiets netjes naast die van Reka en Anne. „Ik zag ze staan toen ik langsreed."

Anne draait zich weer om. „Wie, 'ze'?" wil ze weten.

„Stef en een man die ik niet ken," antwoordt Bo.

Met z'n drieën lopen ze tussen de stallen door. Spot rent voor hen uit. De staldeuren staan allemaal open, want de paarden en pony's staan in de wei. De oude dieren lopen overdag in het grote weiland. De jongere hebben hun eigen plek achter de boerderij.

Bij het hek van de grote wei staan Stef, de baas van De Bleshof, en een kleine, dikke man.

Hij is zo rond, dat hij wegrolt als hij omvalt, denkt Reka bij zichzelf. „Weten jullie wie dat is?" fluistert ze.

„Nooit gezien," antwoordt Anne zachtjes.

Reka vergeet de man als ze ziet wie er staat te wachten. „Pipo," roept ze uitbundig. Ze rent naar voren. Snel klimt ze over het hek en knielt neer naast een kleine, bonte pony. „Ha, Pipo." Reka slaat haar armen om de nek van de pony en duwt haar gezicht in de dikke rood-met-witte manen. „Hier ben ik eindelijk," kletst ze. „We gaan lekker oefenen en ik zal je eens goed borstelen."

Pipo port met zijn neus tegen Reka's zij. Lachend laat Reka zich op de grond rollen.

„Die pony zou heel geschikt zijn," zegt de man bij het hek.

„Waarvoor?" vraagt Reka geschrokken. Snel komt ze weer overeind.

„Om mijn Sjors gezelschap te houden," legt de man uit. Hij pakt een zakdoek uit zijn zak en veegt langs zijn ronde aardappelneus.

„Pipo gaat toch niet weg?" Reka krijgt het benauwd.

„Rustig maar," sust Stef. Vervolgens wendt hij zich tot de bolle man. „Herman, dit zijn drie van mijn vier helpers. Deze kinderen helpen me met het werk op De Bleshof en ze rijden op mijn eigen pony's." Hij wijst hen een voor een aan. „Dit meisje met de gekleurde vlechtjes is Reka. Zij met de lange blonde haren is Anne. En deze knul heet Bo. De oudste van het stel, Alexander, is er nog niet, maar die zal zo wel komen."

„Pipo blijft toch, hè?" kan Reka niet nalaten te vragen.

Stef kijkt Reka even streng aan. „Jongens, dit is Herman. Herman heeft een paard dat er niet van houdt om alleen te zijn. Dus zoekt hij een pony om hem gezelschap te houden."

„Niet Pipo," zegt Reka heel beslist.

„Dit is anders precies wat ik zoek," beweert Herman.

Reka schudt haar hoofd. „Pipo heeft veel aandacht nodig. Hij moet zijn oefeningen doen en..."

„Oefeningen doen?" Herman trekt verbaasd zijn wenkbrauwen op.

Reka legt haar hand tussen Pipo's oren. „Pipo is een circuspony. Hij kent heel veel kunstjes en die moet hij vaak oefenen."

„Als hij te weinig aandacht krijgt, wordt hij heel ondeugend," voegt Anne eraan toe.

„Hij maakt het hek open, trekt zijn touw los als hij vaststaat en als hij de kans krijgt, gaat hij op ontdekkingstocht," somt Bo op.

„Kom nou, maak dat de kat wijs." Herman schudt ongelovig met zijn hoofd. „Ik snap best dat jullie hem hier willen houden, maar bij mij krijgt hij een goed leven."

Pipo stoot Reka aan met zijn hoofd.

„Lieve Pipo..." Reka aait over zijn manen. „We gaan zo

leuke dingen doen, hoor."

„Zie je wel, hij heeft echt veel aandacht nodig," houdt Anne vol.

„Moet dit?" vraagt Herman ongeduldig aan Stef. „Zo ben ik over een uur nog niet weg."

„Ze hebben wel gelijk," zegt Stef nadenkend.

Reka weet bijna zeker dat ze hem ziet glimlachen.

„Deze pony is niet geschikt voor jou. Het is een druktemaker," legt Stef uit.

Reka haalt opgelucht adem. Gelukt, denkt ze, Pipo blijft!

Stef schuift de grendel van het hek open en loopt de wei in. „Ik denk dat Lucky veel geschikter is," zegt hij. Hij neemt Herman mee naar een voskleurige pony.

„Poeh," zucht Anne. „Stel je voor dat hij Pipo had meegenomen."

„Ik wil er niet aan denken," rilt Reka.

„Hij kan Pipo helemaal niet meenemen," zegt Bo ineens. „Dat vindt Joshua nooit goed."

Joshua is Pipo's eigenaar. Hij heeft de kleine pony kunstjes geleerd en jaren met hem opgetreden. Nu Pipo op De Bleshof woont, leert hij Reka hoe dat moet.

„Je hebt gelijk." Reka kan weer lachen. „Had je dat niet eerder kunnen zeggen?"

„Ik heb er niet eerder aan gedacht," bekent Bo.

Stef komt met Lucky en Herman terug naar het hek. „Wat denken jullie?" vraagt Stef vriendelijk. „Is Lucky wel geschikt als gezelschapspony?"

Reka ziet Herman zijn aardappelneus optrekken. Het is duidelijk dat Herman hun mening niet erg belangrijk vindt.

„Ja, Lucky is superbraaf," antwoordt Bo.

Reka knikt. „Beter dan Pipo."

„Maar ik vind het wel jammer als hij weggaat," bekent Anne.

„Ja, dat wel," beaamt Reka.

„Hij krijgt het prima bij mij," zegt Herman. „Hij zal niks te kort komen."

„En zijn eigenaar? Vindt die het goed?" wil Bo weten.

„Dat regel ik," belooft Stef. „Maak je daar maar niet druk over."

„Ik neem hem meteen mee." Herman neemt Lucky over en wil doorlopen.

„Wacht even, ik wil eerst afscheid nemen." Anne slaat haar armen om Lucky's hals. „Dag, lieverd," fluistert ze. „Veel plezier in je nieuwe stal."

Reka klopt op zijn lichtbruine borst. „Dag, Lucky," zegt ze zachtjes.

Bo neemt afscheid door Lucky over zijn voorhoofd en neus te strijken. „Veel geluk," wenst hij.

„Oké, we gaan." Herman leidt Lucky in de richting van de trailer.

„Zal hij echt goed voor Lucky zorgen, Stef?" Anne kijkt Herman bezorgd na.

„Ja hoor," stelt Stef haar gerust. „Met kinderen heeft hij niet zoveel geduld..."

„Nee, dat merken we," kan Reka niet nalaten te zeggen.

„...maar hij is een echte paardenman," gaat Stef rustig verder. „Anders zou ik Lucky niet meegeven, dat weten jullie toch wel?"

„Ja, tuurlijk," antwoordt Bo. „Maar het is niet leuk als er een pony weggaat."

„Nee, dat is het nooit," vindt Anne ook.

„Lucky gaat naar een heel goede stal en ik krijg plaats voor een andere pony. Alles komt goed. En nu ga ik eerst Herman helpen met laden." Stef beent met grote passen weg.

Reka, Anne en Bo kijken hoe Lucky de trailer op stapt. De pony wandelt rustig naar binnen.

„Je kunt zien dat hij het vaak heeft gedaan," wijst Bo.

„Heeft hij dat dan?" vraagt Reka.

„Ja zeker," knikt Bo. „Hij heeft veel gesprongen, daar was hij keigoed in. Elke keer als hij naar een wedstrijd ging, moest hij op de trailer."

„Hij weet nog hoe het moet," zegt Anne. „Hij is slim."

Stef hangt de stang achter Lucky's billen. Vervolgens knoopt Herman het touw dat aan het halster zit goed vast aan de ring voor in de trailer.

Na alles nog een keer zorgvuldig te hebben gecontroleerd, sluit Herman de achterklep. Hij geeft Stef een hand en stapt in zijn auto. „Bedankt," zegt hij.

„Veel geluk met 'm," groet Stef.

Herman start de motor en trekt langzaam op. Als hij langs Reka, Anne en Bo rijdt, steekt hij zijn hand op.

Opgelucht zwaait Reka terug. Wat een geluk dat hij Lucky meeneemt. Ze zal hem best missen, maar Pipo blijft!

„Ik ga eerst Pepijn even knuffelen," meldt Reka. „En daarna haal ik Pipo."

„Weet je al wie er in plaats van Lucky komt, Stef?" vraagt Bo.

Reka wacht toch nog even, ze wil ook graag weten wat voor pony er komt.

„De bovenste van de wachtlijst," knikt Stef.

„Wachtlijst?" herhaalt Anne.

„Er is een wachtlijst van wel tien paarden," legt Stef uit. „Die eigenaren gunnen hun dieren allemaal een goede oude dag op De Bleshof."

„En wie staat er bovenaan?" wil Bo weten.

„Dat verklap ik niet," zegt Stef. „Het blijft een verrassing. Hij komt al snel, ik verwacht hem morgen."

„Doe niet zo flauw," roept Reka.

„Je kunt ons niet laten wachten," vindt Bo.

„Dat kan ik best," grinnikt Stef. „Jullie zullen geduld moeten hebben!"

HOOFDSTUK 2

„Hallo." Reka gooit de deur van het kantoor open.

„Goedemorgen," begroet Stef haar.

„Ook hallo," zegt de jongen die breeduit op de bank zit met Spot op zijn schoot. Hij is groter dan Reka en ook breder. Over zijn voorhoofd valt een lok bruin haar.

„Hé, jij bent vroeg, Alexander. Ik dacht dat ik de eerste zou zijn," merkt Reka op.

„Ik heb gisteren alles al gemist," bromt Alexander. „Vandaag wil ik overal bij zijn." Hij neemt een slok uit de beker die hij in zijn hand heeft.

„Ja, je hebt niet eens afscheid kunnen nemen van Lucky," knikt Reka. „Hij was ineens weg."

„Dat bedoel ik." Alexander klopt op de bank. „Kom erbij zitten. Dan wachten we op Anne en Bo."

„En op de nieuwe pony," vult Reka aan.

„Komt die vandaag? Dat is snel." Alexander kijkt vragend naar Stef.

„Hij is er zelfs al," meldt Stef.

„Grapje!" knikt Reka.

„Niks grapje." Stef trekt een ernstig gezicht. „Waar hij vandaan komt, zijn op zaterdag lessen, dus hebben die mensen vandaag geen tijd. Toen ik gisteravond belde, hebben ze 'm gelijk in de trailer gezet en gebracht."

„En dat zeg je nu pas!" Reka is alweer bij de deur. „Ik ga meteen kijken."

„Ik ook. Hup Spot, op de grond, jij." Alexander duwt Spot van zijn schoot en zet zijn beker naast de bank.

Samen lopen ze snel het kantoor uit. Buiten hoort Reka roepen: „Hé, wat gaan jullie doen?" Het is Anne, die net komt aanfietsen. Bo rijdt naast haar.

„Hij is er al," roept Reka.

„Wacht op ons, wij willen hem ook zien." Anne gooit haar fiets tegen de muur.

Bo heeft net een nieuwe fiets. Voorzichtig, om hem niet te beschadigen, zet hij de fiets tegen de boom die vlak bij de boerderij staat.

„Schiet nou op," dringt Reka aan.

„Ik kom al," antwoordt Bo.

Met z'n vieren lopen ze naar de stallen. Pepijn, die in de eerste stal aan de rechterkant staat, hinnikt als hij hen ziet.

„Ha Pepijn, ben je blij me te zien?" kletst Reka tegen hem. De fjord steekt zijn neus naar voren en laat zich aaien. „Vandaag gaan we rijden en knuffelen en..."

„Wat een schatje," roept Anne uit.

Meteen draait Reka zich om. In de stal tegenover Pepijn staat een lichtbruine pony. Zijn manen zijn lang en wit. Hij steekt zijn hoofd over de onderste helft van de staldeur en briest vriendelijk.

„Echt wel." Reka is het helemaal met Anne eens.

Anne staat al naast de nieuwe pony en aait hem over zijn hals. „Wat heeft hij lieve ogen," zucht ze.

Voorzichtig tilt Reka de lange voorlok op. „Zo kan ik je

ogen beter zien," zegt ze. „Ja hoor, ze zijn prachtig."

„Kijk," wijst Anne, „hij heeft een ster op zijn voorhoofd."

„Wat een superpony," plaagt Alexander. Met een hoog stemmetje zegt hij: „Wat een schatje... En wat heeft hij lieve ogen."

Anne geeft hem een stomp tegen zijn arm.

„En een bles in de vorm van een sterretje," piept Alexander.

„Alexander, hou op," roept Reka.

Geschrokken trekt de pony zijn hoofd naar binnen.

Ineens staat Stef achter hen. „En, wat vinden jullie ervan?"

„Hij is lief," antwoordt Anne.

„Echt lief," benadrukt Reka.

De pony steekt zijn hoofd weer naar buiten.

„Hoe heet hij?" wil Bo weten.

„Jasper," vertelt Stef.

„Waar komt hij vandaan?" vraagt Alexander. „Van een manege? Je zei toch iets over lessen op zaterdag?"

„Zoiets." Stef trekt zachtjes aan Jaspers lange, witte manen.

„Zoiets?" herhaalt Reka. „Bestaat er iets, dat zoiets is als een manege?"

Stef klopt Jasper op zijn hals. „Deze lieve haflinger heeft jarenlang met gehandicapte kinderen op zijn rug gelopen. Het werk werd hem te zwaar, hij struikelde telkens. Je kunt je voorstellen dat het niet veilig meer was om op zijn rug te zitten. Dus is hij vanaf nu met pensioen. Geen lessen meer op oude Jasper."

„Je krijgt het hier goed, hoor, Jasper," belooft Reka.

„Zo te horen heb je dat wel verdiend," zegt Anne.

„Jullie mogen best zijn stal uitmesten." Alexander wijst naar een berg dikke drollen in de stal.

„Goed, hoor." Reka stroopt de mouwen van haar shirt op. „Laten we meteen beginnen."

„Mag hij in de wei, Stef?" vraagt Anne. Ze wil de deur al openmaken.

Stef houdt haar tegen. „Als laatste," zegt hij. „Hij is nieuw, we zetten eerst de andere buiten. Daarna kijken we of het goed gaat als we hem erbij zetten."

„Hij doet het goed," merkt Reka op. De stallen zijn uitgemest en nu staat ze bij de grote wei naar Jasper te kijken. Voor ze iets anders gaat doen, wil ze eerst zeker weten dat alles in orde is.

„Heel goed. Hij is lief," vindt Anne.

De haflinger staat op zijn gemak te grazen.

„Dat moet ook wel." Bo strijkt zijn haren naar achteren. „Een pony voor gehandicapte kinderen moet heel betrouwbaar zijn, lijkt me."

„Zeker weten," zegt Alexander. „Je kunt niet hebben dat zo'n kind een salto maakt na een bokje."

„Nee, zeg," knikt Reka. „Maar laten we iets leuks gaan doen."

„Daar zullen we even mee moeten wachten." Bo wijst in de richting van de stallen. „Er komt bezoek."

Reka kijkt om. Tussen de stallen door komt een mager meisje aanrijden. Met haar handen draait ze de wielen van een rolstoel rond.

„Hoi," zegt Anne aarzelend als ze dichtbij is.

„Hoi," antwoordt het meisje verlegen. Ze verbergt haar gezicht achter haar lange, bruine haren.

„Hallo," zegt Alexander vriendelijk. „Kom je voor Jasper?"

„Ja," glimlacht het meisje. Er komen kuiltjes in haar wangen.

Nu ziet ze er ineens veel beter uit, vindt Reka.

„Daar staat hij," wijst Bo. „In de wei."

Het meisje duikt schuin in haar rolstoel om onder de plank van het hek door te kijken.

Reka kan er niks aan doen, ze moet er echt om lachen. „In die rolstoel ben je nog te klein om over het hek te kijken."

„Soms is het best onhandig," knikt het meisje.

„Soms?" herhaalt Anne verbaasd.

„Ja, soms," knikt het meisje. „Je went eraan, weet je."

„Ik kan Jasper wel hierheen halen," biedt Alexander aan.

„Graag, dan kan ik hem aaien." Het meisje gaat rechtop zitten. „Zo zie ik niet veel."

Handig klimt Alexander over het hek. „Ben zo terug," zegt hij.

Ineens stuift Spot blaffend op de rolstoel af. Hij stopt naast een wiel en gromt tegen het vreemde ding.

„Ha, hondje," sust het meisje. „Heb je nog nooit een rolstoel gezien?" Ze klopt op haar schoot. „Kom maar, ik ben heel gewoon, hoor."

Gewoon? denkt Reka. Ja, eigenlijk is ze gewoon een meisje dat niet kan lopen.

Spot stopt met grommen. Hij tilt zijn oren op en kijkt met een scheef hoofd naar dat rare wezen op wielen.

Opnieuw klopt het meisje op haar schoot. „Kom maar."

Spot begint aarzelend te kwispelen.

„Brave hond," moedigt het meisje hem aan.

Dan zet Spot af en springt met een boog op haar schoot. Zijn tong komt naar buiten en hij likt dwars over haar gezicht.

„Je hebt al kennis gemaakt met Spot, zie ik," lacht Alexander. Hij staat met Jasper voor het hek.

„Heet hij Spot?" Het meisje duwt haar wang tegen de hondenvacht. „Leuke naam."

„Ja, en jij?" vraagt Alexander.

„Inge," antwoordt het meisje.

„Ik ben Alexander," stelt Alexander zichzelf voor. Hij wijst de anderen een voor een aan. „Dat zijn Bo, Reka en Anne."

„Oké," antwoordt Inge verlegen.

Bo opent het hek, zodat Alexander en Jasper uit de wei kunnen.

Inge steekt haar hand uit en aait de haflinger over zijn neus. „Ha, Jasper," zegt ze. „Heb je het hier naar je zin?"

Jasper doet een stapje naar voren en legt zijn hoofd op Inges schouder.

„Reed jij op Jasper?" vraagt Reka.

Jasper trekt zijn hoofd terug en begint het gras naast de rolstoel op te eten.

„Ja, twee keer per week," knikt Inge. „Nu hij weg is... Die is leuk!" Ze wijst naar Pipo, die zijn hoofd nieuwsgierig om het hoekje van het hek steekt.

„Dat is Pipo," lacht Reka. „Onze ondeugende circuspony."

„Wat lief." Inge buigt voorover in haar rolstoel, zodat ze net bij Pipo's vooruitgestoken neus kan. „Kan hij echt kunstjes?"

„Nou en of," bevestigt Reka. „Pipo, zeg Inge eens goeiendag. Geef haar eens een voet."

Meteen tilt Pipo zijn linker voorbeen op.

„Nee Pipo, dat is niet het goede been," zegt Reka ernstig.

Braaf zet Pipo zijn linkerbeen neer en tilt het andere op.

Lachend rijdt Inge een stukje naar voren, pakt het been en schudt er zachtjes mee. „Hallo, Pipo," groet ze. Daarna richt Inge haar aandacht weer op Jasper. „Jij hebt het hier goed, dat zie ik wel. Dat is fijn, maar ik mis je wel heel erg."

„Dat geloof ik," zegt Reka. Ze moet denken aan gisteren, toen ze even bang was dat Pipo weg zou gaan. „Het is vreselijk als je lievelingspony weg moet."

Inge knikt en vraagt dan snel: „Wat doen jullie hier? Wonen jullie hier?"

„We helpen met het werk op De Bleshof," legt Bo uit.

„En we rijden op de pony's die nog jong genoeg zijn om te berijden," voegt Anne eraan toe.

„Gaaf," zucht Inge. „De hele dag tussen de paarden. Het is

hier leuk."

„We kunnen je alles wel laten zien," biedt Reka aan.

„Ja, leuk." Inge gaat rechtop in haar rolstoel zitten.

„Goed." Alexander duwt Jasper achteruit. „We zetten Jasper in de wei en dan gaan we."

Voor ze het hek kunnen sluiten, sprint Pipo weg en verstopt zich achter de rolstoel.

„Kom hier, ondeugend beest," moppert Bo, maar hij lacht erbij.

Met opgeheven hoofd draaft Pipo weg.

HOOFDSTUK 3

„Pipo is leuk," lacht Inge.

„Maar jij hoeft niet achter hem aan te rennen." Bo krijgt een rode kop als hij beseft wat hij zegt. „Sorry… ik bedoel… ik wil niet…" stottert hij.

„Geeft niks." Inge haalt haar schouders op.

Reka begint Inge al aardig te vinden.

Ondertussen heeft Alexander Jasper weer in de wei gezet. „Wat doen we?" vraagt hij. „Een rondleiding of een ponyjacht?"

„We hoeven hem niet te vangen," zegt Reka. „Let op." Ze steekt haar hand in haar broekzak. Daarna houdt ze hem met een gesloten vuist naar voren. „Hier, Pipo," lokt ze. „Ik heb iets lekkers."

„Het is geen hond," lacht Anne.

„Pipo weet het verschil niet tussen een hond en een pony," grijnst Reka. „Kom maar, Pipo. Snoepje?"

Op een drafje komt Pipo naar Reka toe. Hij gaat voor haar op de grond zitten.

„Goed zo," prijst Reka. „Geef me een voet."

Netjes geeft Pipo haar zijn rechter voorbeen.

Reka pakt het been en geeft er een klopje op. „Brave pony. Nu gaan we in de wei."

Als een hondje loopt Pipo haar achterna. In de wei geeft Reka Pipo een paar brokjes. Ondertussen sluit Bo snel het hek.

„Wat een knappe pony," zegt Inge bewonderend.

„Ja, hè," antwoordt Reka trots.

„We hebben nog meer leuke pony's." Anne wijst naar de boerderij. „Daarachter staan de rijpony's."

„Mag ik die zien?" vraagt Inge verlangend.

„Tuurlijk," knikt Bo. „Ga maar mee."

Als Inge begint te rijden, springt Spot van haar schoot. Hij loopt liever zelf.

Handig rolt Inge haar rolstoel tussen de stallen door. Voor de boerderij slaan ze linksaf. „Woont daar de baas van De Bleshof?" vraagt ze.

„Ja, daar woont Stef," antwoordt Alexander.

„Wat een groot huis," vindt Inge.

„Dat stuk hoort niet bij het huis, hoor." Reka wijst naar het tweede deel van het gebouw. „Dat is de schuur, die staat vol met paardenspullen, karren, voer en weet ik veel wat allemaal nog meer."

Ze gaan verder langs de buitenbak.

„Rijden jullie altijd buiten?" wil Inge weten. „In deze bak?"

„In de bak of in het bos," antwoordt Bo.

„Dat gaat goed, hoor," vindt Anne. „Soms regent het wel te hard, maar er zijn hier nog meer leuke dingen te doen dan rijden."

„Dat geloof ik best," zucht Inge. „Het is hier hartstikke gaaf."

„En jij?" vraagt Reka. „Rijd jij wel binnen?"

„Altijd." Inge draait handig om een kuil heen. „Wij hebben

alleen maar een binnenbak."

„Die kant op." Alexander wijst Inge dat ze om de boerderij heen moet rijden. Erachter zijn twee weilanden. In de voorste wei staat een mooie fries.

„Die zwarte vooraan is Tjitske. Daar rijd ik op," wijst Alexander trots.

„Wat een mooie," roept Inge. Maar als Tjitske haar hoofd over het hek steekt en vriendelijk briest, blijft ze toch een beetje uit de buurt. „Hij is wel groot, hoor," rilt ze.

„Ze," verbetert Alexander. „Tjitske is een merrie."

„Mijn Pepijn is wel een jongen." Reka klopt de stevige pony op zijn nek als ze bij het volgende weiland aankomen. „Pepijn en Pipo zijn mijn lievelingspony's. Ik ben gek op ze."

„Wat leuk, Pepijn is een fjord." Inge rijdt dichterbij. „Die zijn vaak net zo braaf als haflingers."

„Pepijn is superbraaf," schept Reka op. „Hij doet nooit een stap verkeerd als ik op hem rijd en ook voor de kar is hij altijd braaf."

„Hij zou een goede pony zijn voor ons," vindt Inge. Ze rolt naar voren om Pepijn te aaien. „Nu Jasper weg is, is er geen pony meer voor de grotere kinderen."

„Kun je niet rijden dan?" vraagt Anne.

„Nee." Inge schudt haar hoofd. „Niet tot we een nieuwe pony hebben."

„Wat saai," roept Bo uit. „Ik moet er niet aan denken dat ik niet kan rijden." Hij leidt een kleine, lichtbruine pony naar het hek. „Dit is Dorus," vertelt hij. „En hij is niet geschikt voor jullie. Dorus is heel vlug en schrikt overal van. Hij is wel klein, maar hij kan heel hard galopperen. Vooral tijdens een buitenrit is dat gaaf."

Inge aait Dorus. „Gaan jullie vaak naar het bos?" vraagt ze.

„Ja," antwoordt Anne. „En ik ga altijd op Frieda." Ze wijst naar de grijze pony met zwarte manen, die bij het hek komt kijken wat er allemaal aan de hand is.

„Die is ook al zo mooi," zucht Inge. „Weet je, dat lijkt me nou zo leuk, door het bos rijden."

„Je kan best een keer mee," zegt Reka plotseling.

„Ja hoor." Inge slaat met haar hand op het wiel. „Met dit ding achter jullie aan zeker."

„Nee joh." Reka klopt Pepijn op zijn borst. „Met Pepijn voor de kar. We zetten jou met je rolstoel achterin. Pepijn is heel voorzichtig, dus dat kan best."

„Wat een goed idee!" juicht Inge. „Kan dat echt?"

„Zeker weten," knikt Reka. „Maar niet dit weekend, want morgen gaan we al een gewone bosrit maken."

„Kijk eens, die heb je verdiend." Reka houdt een dikke wortel voor Pepijns neus.

De fjord zet er zijn grote, gele tanden in en bijt een flink stuk af.

„Dat was een fijne bosrit, Pepijn. Jammer dat ik morgen weer naar school moet," zucht Reka.

De rest van de wortel verdwijnt in Pepijns mond. Tevreden kauwt hij hem fijn.

„Maar woensdagmiddag ben ik vrij," kletst Reka verder. „Dan gaan we weer rijden." Ze leidt Pepijn zijn stal in. „Zo, jij bent weer op je eigen plekje." Reka trekt het halster over Pepijns oren.

„Reka, kan ik je even spreken?"

Verbaasd kijkt Reka op. In de deuropening staat Stef. Zijn gezicht staat zo ernstig, dat ze ervan schrikt.

Heb ik iets verkeerd gedaan? gaat ze bij zichzelf na. De wei niet goed afgesloten? Mijn troep niet opgeruimd? Of heeft Pipo weer een streek uitgehaald?

„Je zult het niet leuk vinden, Reka." Stef tilt zijn pet op en wrijft over het kale plekje boven op zijn hoofd.

„Wat?" vraagt Reka angstig.

„Het zit zo..." Stef zet zijn pet terug en wrijft over zijn neus. „Je weet dat Jasper ingezet werd voor rijlessen aan gehandicapte kinderen?"

Reka knikt. Ze begint een vervelend gevoel in haar buik te krijgen.

„Nu hij met pensioen is, hebben ze daar geen pony voor de grotere kinderen," vervolgt Stef.

„Ja, en?" Reka wilde dat hij opschoot. De pijn in haar buik wordt erger.

„Nou... dus..." aarzelt Stef, „...dus leen ik Pepijn uit."

„Wat bedoel je?" schrikt Reka. „Bedoel je dat...?" Ze kan de woorden „dat hij weggaat" niet uit haar keel krijgen. „Uitlenen?" fluistert ze in plaats daarvan.

„Ja," knikt Stef. „Pepijn gaat een tijdje naar de mytylschool.

Dat is de school voor gehandicapte kinderen."

„Dat kan niet. Ik kan hem niet missen." Reka slaat haar armen om de stevige ponynek.

„Die kinderen hebben een pony nodig," legt Stef geduldig uit. „Paardrijden is daar niet alleen voor de lol. Het is ook goed voor hun spieren en zo."

„En ik dan?" Reka legt haar hand op haar buik. De pijn is nu zo erg dat ze voorover buigt.

„Jij moet naar school. Zo veel kun je niet rijden en als je er bent kun je op Tjitske of Frieda. Dorus lijkt me te klein. En je hebt Pipo nog." Stef legt zijn hand troostend op Reka's rug. „Het is tijdelijk. Als ze een andere pony hebben gevonden, komt Pepijn terug. Ik ben er zeker van dat hij in de herfstvakantie weer op De Bleshof is."

„Dat duurt nog eeuwen," kreunt Reka. „De zomervakantie is nog maar net voorbij."

„Die kinderen zullen heel blij zijn met Pepijn," zegt Stef. „Dat snap je toch wel?"

Reka duwt haar gezicht tegen de zachte ponyvacht. Natuurlijk snapt ze dat, maar zij heeft Pepijn ook nodig. „Wanneer gaat hij weg?" snikt ze.

„Vanavond." Stef strijkt over Reka's hoofd. „Dus je moet nu afscheid van hem nemen."

Reka kan geen antwoord meer geven, de tranen rollen over haar wangen en druppen in Pepijns vacht.

Zachtjes gaat Stef weg.

Reka omhelst Pepijn alsof ze hem nooit meer los wil laten.

„Reka, wat is er?" Anne stormt de stal in en slaat een arm om Reka heen.

„Pepijn... gaat... weg," weet Reka met moeite uit te brengen.

„Hoezo, weg?" vraagt Anne geschrokken.

„Hij gaat Jaspers werk doen," snikt Reka.

„O, wat erg," roept Anne uit. „Wat zul je hem missen."

Reka knikt verdrietig.

„Inge zei al dat hij daar geschikt voor zou zijn," herinnert Anne zich.

„Inge?" Ineens weet Reka dat het haar eigen schuld is dat Pepijn weggaat. „Wat ben ik toch stom," roept ze boos. „Ik had nooit zo moeten opscheppen over Pepijn. Inge was helemaal weg van hem. Dit is vast haar idee."

„Zou best kunnen. Het is niet eerlijk, ze krijgt haar zin omdat ze gehandicapt is." Anne strijkt door Pepijns manen. „Maar je mag op Frieda rijden, hoor," biedt ze aan. „We kunnen best om de beurt. En Alexander vindt het vast goed als je op Tjitske wilt."

„Dat weet ik wel," zucht Reka verdrietig. „Maar het liefste rij ik op mijn eigen Pepijn."

„We gaan hem opzoeken," belooft Anne.

„Woensdagmiddag?" vraagt Reka. „Dan zijn we vrij."

„Goed." Anne pakt Reka's hand en knijpt erin. „Woensdagmiddag."

HOOFDSTUK 4

Drie dagen later zijn Reka en Anne op zoek naar Pepijns nieuwe stal.

„Weet je zeker dat we hierin moeten?" Reka wijst twijfelend naar een smal weggetje.

„Nee," bekent Anne, „maar we doen het toch."

„En als ze ons wegsturen?" wil Reka weten.

„Dat zien we dan wel." Anne haalt haar schouders op. „Ik heb niet dat hele eind voor niks gefietst. Je wilt Pepijn toch graag zien?"

„Ja, natuurlijk." De gedachte aan Pepijn geeft Reka weer moed. Ze stapt op haar fiets en rijdt het weggetje in. „Zal hij blij zijn om me te zien?" vraagt Reka.

„Zeker weten," antwoordt Anne. „Hij mist jou net zo hard als jij hem."

„Ik hoop het." Reka fietst een bocht om.

De weg leidt naar een groengeverfde loods. Boven de openstaande deur hangt een afbeelding van een galopperend paard.

„Daar is het," zegt Anne triomfantelijk. „Zie je wel dat het goed is?"

„Opschieten," dringt Reka aan. „Ik kan geen tel langer meer wachten."

Ze parkeren de fietsen tegen de groene muur. Binnen komen ze terecht in een brede gang. Achterin wordt de gang smaller, daar liggen een aantal stallen. De stallen zijn leeg, want de pony's zijn aan het werk. Met z'n vijven lopen ze in een rij door de bak. Op hun rug ligt een schapenvel met daaroverheen een beugel. De kinderen die op de pony's zitten, houden de beugel en de teugels vast. In het midden staat een vrouw die aanwijzingen geeft, maar Reka kijkt vooral naar de voorste pony.

„Pepijn," roept Reka blij.

De fjord tilt zijn hoofd op en hinnikt.

„Hij is blij dat ik er ben," zegt Reka gelukkig.

„Zie je wel," lacht Anne.

De instructrice komt naar hen toe. „Wat doen jullie hier? Dit is een school, geen manege waar iedereen zomaar binnen kan lopen."

„Ik kom Pepijn opzoeken." Reka laat zich niet wegjagen nu ze zo dicht bij haar pony is.

„Daar weet ik niks van," antwoordt de instructrice. „En we zijn hier aan het werk. Heb je een afspraak gemaakt?" Ze gaat zo staan dat Reka Pepijn niet meer kan zien.

„Een afspraak?" herhaalt Anne. „Moet dat dan?"

Reka kijkt om de instructrice heen.

Het meisje op Pepijn stuurt naar de kant. „Helen," zegt het meisje, „je mag ze niet wegsturen, hoor."

Nu herkent Reka haar, het is Inge. Ze voelt een steek van jaloezie, Inge zit op haar Pepijn!

„O nee?" vraagt Helen.

„Dat zijn Reka en Anne," vertelt Inge. „Pepijn is Reka's verzorgpony. Ze komt hem opzoeken, dat mag toch wel?"

„Nou, vooruit dan." Helen steekt haar hand uit naar Reka.

Aarzelend pakt Reka hem aan.

„Ik ben Helen, ik geef hier les." Helen knijpt even in Reka's hand en laat dan los. Terwijl ze Annes hand schudt, vervolgt ze: „Pepijn is een geweldige pony. Hij snapt precies wat de bedoeling is. We zijn zo blij met hem."

Ondanks alles is Reka toch heel trots op Pepijn. „Hij is de liefste pony van de hele wereld," zegt ze.

„Jasper is anders ook heel lief," merkt Inge op.

„Ze zijn allemaal lief," lacht Helen. „Kom, we gaan verder met de les. We hebben nog tien minuten."

Inge stuurt Pepijn weer de hoefslag op. De andere pony's lopen braaf achter hem aan.

„Ze rijdt netjes," vindt Anne.

„Ja, en dat terwijl ze niks met haar benen kan," zegt Reka.

Inges benen hangen slap omlaag. Bij elke stap van Pepijn zwaaien ze op en neer.

„Daarom hebben ze een singel met een beugel, in plaats van een zadel," weet Anne. „Dan kunnen ze zich goed vasthouden."

„Helen, gaan we nog draven?" vraagt Inge.

„Jos is er niet om te helpen." Helen schudt spijtig haar hoofd. „Hij is te laat."

„Ik kan het best zelf," zegt een jongetje op een kleine, bruine pony.

„Jij wel, Niels, en Inge ook," knikt Helen. „Maar de anderen niet en ik kan niet met allemaal meelopen."

„Alleen Inge en ik dan," zeurt Niels.

„Nee," zegt Helen beslist. „Iedereen of niemand."

„Wij kunnen ook meelopen," bemoeit Anne zich ermee. „Ja toch, Reka?"

„Tuurlijk," knikt Reka.

„Nou," aarzelt Helen. „Weet je zeker dat het gaat?"

„Zeker weten," zegt Anne.

„Vooruit dan," geeft Helen toe. „Maar wel goed vasthouden, hoor." Eerst wijst Helen wat ze moeten doen. „De pony's lopen zelf wel," legt ze uit, „daar hoeven jullie niet op te letten. Het is de bedoeling dat je naast de ruiter meeloopt, die moet je goed vasthouden." Helen pakt Reka's rechterhand en legt hem op de rug van een meisje dat op een schimmeltje zit. De linkerhand legt ze op het bovenbeen. „Je moet ervoor zorgen dat Jenny er niet aan de zijkant afschuift. Denk je dat het lukt?"

„Ja hoor." Reka lacht naar Jenny. „Dat kunnen wij samen wel."

„Ja, Jenny?" vraagt Helen voor de zekerheid.

„Ja, schiet nou op, anders is de les voorbij," zegt Jenny ongeduldig.

Anne mag meelopen met een jongen op een bonte shetlander.

Terwijl Helen Anne aanwijzingen geeft, vertelt Jenny: „Deze pony heet Penny. Ze is hier al heel lang en ik rij altijd op haar. Jenny op Penny, klinkt goed, hè?"

„Opletten, Jenny," waarschuwt Helen. „Inge, ga maar draven."

„Keigoed," geeft Reka nog snel antwoord.

Inge klakt met haar tong en Pepijn gaat over in draf. Penny hobbelt er rustig achteraan. Reka doet haar best Jenny goed vast te houden, maar het is moeilijker dan ze dacht.

„Let op," roept Jenny, „ik schuif weg."

Geschrokken trekt Reka haar terug. Zou ze nou bang zijn? vraagt ze zich af. Vlug kijkt ze even naar Jenny's gezicht, maar Jenny zit te lachen.

„Gaaf," juicht Jenny.

„Wel vermoeiend," hijgt Reka.

„En stappen!" commandeert Helen. Als alle pony's rustig stappen, meldt ze: „Het is tijd, de les is voorbij."

Reka laat Jenny los.

„Dank je wel," lacht Jenny. „Ik vind draven zo tof, het gaat zo lekker hard."

„Graag gedaan," glimlacht Reka. Ze kijkt om zich heen. Waar is Pepijn?

Pepijn heeft de bak verlaten en staat in een smal gangetje. Aan beide kanten is een houten platform.

Op het platform staat een man naast Inges rolstoel. Hij tilt Inge van Pepijn en zet haar in de stoel. Vervolgens neemt Helen de teugels om Pepijn naar zijn stal te leiden.

Reka rent achter haar aan. „Mag ik hem wegbrengen?" roept ze.

Helen stopt meteen. „Ja hoor," glimlacht ze. „Pepijn heeft eventjes pauze. Zijn hoofdstel mag af, de beugel en het dekje kunnen blijven zitten."

Reka neemt Pepijn over en omhelst hem stevig. „O Pepijn, ik heb je echt gemist," fluistert ze.

„Hij mag in de eerste stal." Inge komt dichterbij en klopt Pepijn op zijn buik. „Dankjewel, Pepijn. Ik heb zo fijn gereden."

Reka trekt Pepijn weg bij Inge, ze wil de pony voor zichzelf.

Inge heeft het niet door en rolt kletsend mee: „Weet wat ik nou zo jammer vind? Dat we die bosrit niet kunnen maken, met de kar en Pepijn."

Met een ruk staat Reka stil. „Dat is je eigen schuld," valt ze uit.

„Hoezo?" vraagt Inge geschrokken. Haar gezicht trekt wit weg.

Reka is te boos om daar rekening mee te houden. „Jij hebt Pepijn hierheen gehaald, omdat je zo graag wilt rijden," zegt ze kwaad. „Ik wou maar dat ik je nooit had verteld dat hij zo braaf is!"

„Ik? Dat was ik niet!" Inge knijpt met haar handen hard in de wielen.

„O nee?" roept Reka. „Hoe kan het dan dat ze weten dat Pepijn geschikt is voor dit werk?"

„Helen heeft Jasper opgezocht en met Stef gepraat," antwoordt Inge. „Die twee hebben het samen bedacht. Ik zou nooit iemands pony afpakken. Ik weet hoe erg het is om Jasper te moeten missen!"

„Dus het was niet jouw idee?" vraagt Reka nu een heel

stuk zachter.

„Nee!" Inge perst haar lippen op elkaar.

„Sorry." Reka voelt zich schuldig. „Ik dacht... ik..." Ze slaat met haar vuist tegen haar voorhoofd. „Wat ben ik stom, ik had het helemaal verkeerd."

Inge kijkt om zich heen en fluistert: „Ga de stal in. Iedereen kijkt naar ons."

Nu pas heeft Reka door dat het helemaal stil is geworden en dat iedereen naar haar en Inge staart. Met een rood hoofd duikt ze de stal in.

Inge parkeert haar rolstoel in de deuropening. „Als jij zijn hoofdstel afdoet, heb ik een appel voor hem."

Handig maakt Reka de gespen los en laat het bit uit Pepijns mond zakken. Inge houdt Pepijn een appel voor. De fjord neemt een hap en kauwt tevreden.

„Hij heeft zelfs al een naambordje." Anne tikt op de muur naast de deur.

Reka kijkt om de hoek en ziet een ovalen naamplaatje waar met rode letters *Pepijn* op is geschilderd. „Hij is hier helemaal thuis," merkt ze op. Ze voelt de jaloezie weer terugkomen.

„Daar moet ik je voor waarschuwen," zegt Inge ernstig. „Helen is zo tevreden over Pepijn, dat ze hem wil houden!"

HOOFDSTUK 5

Nadat ze afscheid hebben genomen van Pepijn en Inge, gaan Reka en Anne naar De Bleshof. Daar rijdt Reka eerst op Frieda en daarna op Tjitske, maar ze kan er niet van genieten. Telkens weer moet ze denken aan wat Inge zei. Zouden ze Pepijn echt houden? Hij doet het natuurlijk wel erg goed.

Na het rijden kijkt Reka verdrietig toe terwijl de anderen Frieda, Tjitske en Dorus verzorgen.

„Je mag best helpen," zegt Anne.

„Nee, ik wil Pepijn terug." Reka slaat met haar vuist tegen de deur van Pepijns lege stal.

„Hij komt ook terug," weet Bo zeker. „Voet, Dorus," zegt hij en hij tikt tegen Dorus' enkel. De pony tilt zijn been op en laat Bo zijn hoef uitkrabben.

„O ja?" Reka trekt aan een rood vlechtje in haar haren. „Ik geloof er niks van."

„Stef zei toch dat hij hem uitléénde." Bo loopt om Dorus heen en vraagt een andere voet. „Met de herfstvakantie is hij terug."

„Ik hoop het," zucht Reka.

„Dat ís zo." Bo klopt Dorus op zijn hals. „Je bent klaar, Dorus, je mag naar binnen." Bo maakt het touw los en leidt hem zijn stal in.

„Je moet niet zo moeilijk doen," vindt Alexander. Hij is bezig Tjitskes staart uit te pluizen. Plukje voor plukje haalt hij voorzichtig met zijn vingers de klitten uit de lange haren.

„Pepijn heeft het daar goed."

„Dat weet ik wel." Reka zucht nog eens. „Maar ik wil hem hier!"

„Ik zou het ook vreselijk vinden," merkt Anne zachtjes op. Ze slaat haar arm om Frieda's nek. „Jij hebt makkelijk praten, Alexander. Tjitske is niet weg."

„Reka mag ook op Tjitske. Zo vaak als ze wil," zegt Alexander gul.

„Dat is anders," vindt Reka.

„Maar beter dan niks," is Alexanders reactie.

„Pepijn is zo terug. Je zult het zien," zegt Bo troostend.

Reka schudt haar hoofd. „Ik denk dat hij nooit meer terugkomt."

„Doe niet zo flauw." Alexander is klaar en klopt Tjitske op haar kont. „Dat ziet er weer prachtig uit, meisje," prijst hij.

„Ze doet niet flauw." Handig trekt Anne de knoop los waarmee Frieda's halstertouw vastzit aan de ring in de muur. „Jij hebt niet gehoord wat Inge zei."

Tjitske en Frieda stappen precies tegelijk hun stal in.

„Wat zei ze dan?" wil Alexander weten.

„Dat ze Pepijn willen houden," gooit Reka eruit. Ineens weet ze zeker dat Pepijn nooit meer in zijn stal op De Bleshof zal staan. Verdrietig schopt ze tegen de staldeur.

„Echt?" vraagt Alexander.

„Echt," bevestigt Anne.

„Dat doet Stef nooit," roept Bo. Maar dan begint ook hij te twijfelen. „Nee toch?"

„Ik ben bang van wel." Reka laat haar hoofd hangen.

„Stef heeft al eerder een pony weggegeven," herinnert Alexander zich. „Barry, die staat nu op de kinderboerderij."

„Da's waar." Bo knikt.

„We moeten ervoor zorgen dat ze Pepijn teruggeven," vindt Anne.

„Hoe dan?" vraagt Alexander.

„We moeten iets bedenken," zegt Reka wanhopig.

„We moeten een andere pony hebben." Bo fronst zijn voorhoofd. „Eén die net zo braaf en sterk is als Pepijn."

„Dat is het!" juicht Reka.

„En waar halen we zo'n pony vandaan?" wil Anne weten.

Reka voelt de hoop weer zakken.

„Er staan genoeg pony's te koop," antwoordt Alexander. „We beginnen met advertenties lezen. Als we iets leuks tegenkomen, bellen we op."

„In het kantoor liggen paardenbladen." Reka ziet het wel zitten.

„En ook kranten," vult Bo aan. „Vooral in de zaterdagkrant staan veel advertenties."

„En als we niks vinden, kijken we op internet," stelt Anne voor.

„Beginnen we meteen?" vraagt Reka.

Alexander kijkt op zijn horloge. „We hebben nog een halfuurtje," meldt hij. „Laten we snel naar het kantoor gaan."

„Dit klinkt goed." Anne tikt met haar vinger op een

advertentie in de krant. „Luister: *Brave bruine pony, 1.45 meter, 15 jaar oud, geschikt voor kinderen,*" leest ze voor.

Alexander gooit een pen naar haar toe. „Schrijf maar op. Als we er een paar hebben, ga ik bellen."

„En wat denk je van deze?" Reka legt haar vinger naast de advertentie en leest voor: *„Stevige pony, geschikt voor recreatie. Geen dressuur, wel heel braaf."*

„Klinkt ook goed," vindt Anne. „Hier heb je de lijst, schrijf hem er maar bij."

Zorgvuldig schrijft Reka het telefoonnummer over. „Hij staat erbij," meldt ze. Terwijl ze haar vinger langs de rij advertenties laat gaan, zegt ze: „Inge vond het jammer dat de bosrit niet doorgaat."

„Vind ik ook," zegt Anne.

„Welke bosrit?" vraagt Alexander.

„Toen Inge hier was, hebben we toch gezegd dat ze een keer mee kon met Pepijn en de kar," helpt Bo hem herinneren.

„O ja." Alexander weet het weer.

„Maar nu Pepijn weg is..." zucht Reka.

„We kunnen ook met Tjitske voor de platte wagen," stelt Alexander voor. „Dan kan Inge met haar rolstoel achterin."

„Denk je dat Stef dat goedvindt?" vraagt Anne peinzend.

„We zeggen niks," zegt Bo. „Als hij niks weet, kan hij ook niet moeilijk doen."

„Dat is waar," knikt Anne.

„Reka kan met mij mee met de kar," legt Alexander uit.

„En jullie gaan gewoon op Frieda en Dorus."

„En dan halen we Inge op," begrijpt Reka.

„Goed plan," vindt Anne. „Inge zal wel blij zijn."

„Zaterdag?" stelt Alexander voor.

„Goed, als Inge kan," stemt Reka toe.

„Oké, dan zoeken we nog even verder." Alexander pakt een nieuw tijdschrift. „Ik neem deze."

Even later meldt Bo: „Ik heb er weer een." Hij buigt zijn hoofd naar voren zodat zijn gezicht achter zijn krullen verdwijnt. *„E-pony, chique verschijning. Heeft veel wedstrijdpotentie, is overal geschikt voor."*

„Dat is toch niks," roept Anne uit.

„O nee?" Bo tilt zijn hoofd op. Hij slaagt erin om verbaasd te kijken.

„Wat bedoelen ze met wedstrijdpotentie?" wil Reka weten.

„Dat is niet belangrijk." Bo kijkt heel serieus. „Er staat dat hij alles kan, dus ook met gehandicapte kinderen lopen."

„Doe niet zo dom," merkt Anne op. „Je snapt toch wel dat ze bedoelen dat het een echte wedstrijdpony is."

„O, snap ik dat?" Bo krabt eens op zijn hoofd, maar dan kan hij zich niet meer goed houden. „Natuurlijk snap ik dat," zegt hij met een brede grijns.

„Pestkop," lacht Anne.

„Hé," grinnikt Alexander. „Eindelijk ben jij de pestkop."

„Ik leer het wel," grijnst Bo.

„We zetten hem niet op de lijst," beslist Anne. „Dat wordt toch niks."

„Dus wedstrijdpotentie betekent dat hij het goed zal doen met wedstrijden?" vraagt Reka nadenkend.

„Heel goed." Bo klopt Reka lachend op haar rug.

„We hebben niks aan een mooie wedstrijdpony." Reka buigt zich weer over de advertenties. „Laten we verder zoeken."

Als het tijd is, hebben ze vier geschikte pony's gevonden. Alexander neemt de lijst mee naar huis. „Vanavond bel ik ze allemaal op," belooft hij. „Dan gaan we zaterdag kijken."

„Zondag," verbetert Reka hem. „Zaterdag gaan we picknicken."

„Waar heb je afgesproken?" vraagt Alexander aan Reka, die naast hem op de bok zit.

„Net buiten het dorp," antwoordt Reka. „Aan het begin van de eerste zandweg rechts, die weg die naar het bos gaat. Weet je waar ik bedoel?"

„Ja." Alexander klakt met zijn tong. „Kom Tjitske, in draf," commandeert hij. „We willen Inge niet laten wachten."

Tjitske draaft door het dorp. Helder klepperen haar ijzers op de klinkers.

Bij het laatste huis trekt Alexander de teugels aan. „Stap, we zijn er bijna," zegt hij.

„Daar is ze." Reka wijst naar voren.

Inge zwaait enthousiast.

Alexander rijdt haar voorbij en stuurt de kar het zandpad in. Achter een paar dichte struiken stopt hij. „Hier zien ze ons niet vanuit het dorp," hoopt hij.

„Goed gedaan." Reka springt van de kar. „Hoi, Inge," roept ze. „Kom gauw, voor iemand ons ziet en tegenhoudt."

„Er wordt hier veel gewandeld." Inge rolt het zand in. „Er zijn al een hoop mensen langs gekomen terwijl ik stond te wachten."

Reka kijkt om zich heen. „Nu is er niemand," zegt ze.

„Gelukkig maar." Inges rolstoel blijft steken in het rulle zand.

„Ik kom helpen." Reka rent naar Inge en duwt haar naar de achterkant van de kar. Eenmaal daar aangekomen kijkt ze verschrikt omhoog. „Hoe krijgen we jou daar bovenop?" kreunt ze. „Ik heb er helemaal niet aan gedacht dat je er niet zelf in kunt klimmen."

„Ik ook niet," schrikt Inge.

„Meiden," zucht Alexander overdreven. „Die zijn echt niet handig."

„Nee, jongens dan," zegt Reka kattig. „Die hebben zeker overal een oplossing voor?"

„Niet overal voor." Alexander schudt zijn hoofd. „Maar dit los ik wel op."

„O ja?" Reka trekt haar neus op. „Weet je het zeker?"

„Ja." Alexander springt soepel van de bok. „Ik regel het, als jij zorgt dat Tjitske stilstaat."

„Oké, laat maar zien." Reka pakt Tjitskes teugels en gaat naast haar hoofd staan."

„Sla je armen om mijn nek." Alexander buigt zich over Inge en tilt haar uit de rolstoel. Vervolgens zet hij haar op de rand van de wagen. „Makkie," lacht hij, als hij de lege rolstoel achterin zet.

„Jij bent sterk," zegt Inge bewonderend en ze slaat haar armen opnieuw om Alexanders nek.

„Het is maar dat je het weet," antwoordt Alexander.

Met een zwaai belandt Inge weer in haar rolstoel.

„Ik zou die stoel op de rem zetten," raadt Alexander aan. „Anders rol je er aan de achterkant weer af als we vertrekken." Vanuit de achterbak stapt Alexander over op de bok. „De teugels," beveelt hij.

„Alstublieft, meneer." Reka maakt een kleine buiging en geeft de teugels aan. „Dat hebt u goed gedaan, meneer." Ze is blij dat Alexander bij haar is. Met Anne samen was dit nooit gelukt.

„Reka, kom je bij mij zitten?" vraagt Inge.

„Best." Vlug springt Reka achterin. „Zit je goed?" vraagt ze.

„Ja," knikt Inge met een wit gezicht. „Maar ik vind het ook wel eng."

„Hoeft niet, hoor," glimlacht Reka. „Tjitske is hartstikke braaf."

„Bijna net zo braaf als Pepijn," zegt Alexander.

„Bijna?" herhaalt Inge angstig. „Wat doet ze dan?"

„Niks." Met een grijns kijkt Alexander om. „Maar als ik zeg dat ze net zo braaf is, ben ik haar straks kwijt. Dan loopt ze over een paar dagen achter Pepijn aan in de les."

„Nee hoor." Inge kan alweer lachen. „Tjitske is veel te groot. Die hoeven we niet."

„Gelukkig." Alexander doet alsof hij echt opgelucht is. „Kunnen we gaan?"

„Ja." Inge knijpt in de leuningen van haar rolstoel. Na een paar passen ontspant ze weer. „Dit is lekker," straalt ze.

Reka knikt, ze wil even niks zeggen. Ze vindt het lief van Alexander dat hij Inge op haar gemak stelt. Maar nu moet ze wel weer aan Pepijn denken. Ze mist hem echt heel, heel erg.

HOOFDSTUK 6

Alexander steekt de zweep omhoog. „Draven?"

„Oké." Inge pakt de achterkant van de bok vast.

Voor de show zwaait Alexander een keer met de zweep door de lucht. „Hup, Tjitske," roept hij. „Een beetje harder graag."

Reka kijkt naar Inge.

Inge houdt zich goed vast aan de bok, maar haar gezicht straalt. „Gaaf!" Ze tikt Alexander op zijn schouder. „Kunnen we ook galopperen?"

„Ja hoor," knikt Alexander. „Een stukje verderop is een goed pad."

Met een fraaie boog draaft Tjitske de hoek om.

„Hou je vast," roept Alexander. „Daar gaan we."

Reka grijpt de zijkant van de kar.

„Ik hou al vast," antwoordt Inge.

„Galop!" beveelt Alexander.

Op het moment dat Tjitske vooruit springt, bonkt een van de wielen door een kuil. Tot haar grote schrik ziet Reka dat Inge uit haar rolstoel wipt.

„Stop," gilt Inge. „Stop!"

De rolstoel schuift achteruit. Snel duikt Reka naar voren, maar ze kan hem niet tegenhouden. „Stop, Alexander," roept ze.

Inge hangt even in de lucht voor ze op de bodem van de kar belandt. De rolstoel schuift langzaam van de wagen.

„Ho, Tjitske," sust Alexander. „Ho."

De fries mindert vaart. Inges benen hangen slap op de bodem van de kar. Omdat ze de bok nog vast heeft, is ze niet helemaal plat op de grond gevallen. Met haar armen houdt ze haar bovenlijf omhoog. Eindelijk staat Tjitske stil.

„Gaat het?" vraagt Reka geschrokken.

„Niet echt," kreunt Inge. „Kun je me helpen zakken?"

„Dat was dus te heftig." Alexander draait zich om op de bok. Met één hand helpt hij Inge omhoog te blijven.

„Hoe moet ik dat doen?" Reka voelt zich heel onhandig.

„Over me heen gaan staan," zegt Inge. „Aan iedere kant een been."

Voorzichtig stapt Reka over Inge heen.

„Goed." Inge bijt op haar lip. „Nu sla je je armen onder mijn oksels door."

Reka slaat haar vingers in elkaar voor Inges borst.

„En nou langzaam zakken," hijgt Inge. „Je hoeft er alleen voor te zorgen dat ik niet op mijn bek ga."

„Wat is hier aan de hand?" vraagt een scherpe stem.

Van schrik laat Reka los.

„Au," gilt Inge als ze plat op het hout ploft. „Dat bedoel ik dus."

„Je moet haar beter vasthouden, ze doet zich pijn," zegt de stem.

Boos draait Reka zich om. Naast de gevallen rolstoel staat een vrouw. Ze kijkt afkeurend naar de meisjes in de kar.

„Ik kan er niks aan doen. Ik schrik me rot," moppert Reka.

Kreunend draait Inge om. Ze blijft met gesloten ogen op haar rug liggen.

„Gaat het wel?" Reka knielt bezorgd naast haar neer.

Langzaam doet Inge haar ogen open. Als ze Reka's bezorgde gezicht ziet, schiet ze in de lach. „Volgens mij moet ik de remmen van dat ding laten nakijken," grinnikt ze.

Reka glimlacht opgelucht. „De remmen deden het wel. Hij sprong weg en gleed toen door."

„Alles goed daarachter?" Alexander hangt achterover. „Ik kan de teugels niet loslaten. Anders kwam ik wel helpen."

„Prima," glimlacht Inge, „maar ik zit liever in m'n stoel. Dit ligt nogal ongemakkelijk."

„Die stoel is kapot." Het is de vrouw weer. Ze wijst naar de rolstoel op de grond.

„O jee." Reka springt van de kar. Ze trekt de stoel omhoog.

„Is het erg?" Inge rekt zich zover mogelijk uit om iets te kunnen zien.

„Ik zie niks." Reka bekijkt de rolstoel nauwkeurig.

„Er is een stang verbogen," zegt de vrouw. Dan loopt ze naar Tjitske. „Hm, is dit niet die fries van De Bleshof?"

Ondertussen heeft Reka de verbogen stang ontdekt. Ze duwt ertegen in een poging hem recht te krijgen.

„Ja, ik weet het zeker," gaat de vrouw verder. „Deze zwarte is van Stef en die kar ook. Ik ben benieuwd wat hij ervan vindt dat jullie er dit soort kunsten mee uithalen." Ze draait zich met een zwaai om en loopt een zandpad in.

„Waar kwam die vandaan?" wil Alexander weten.

„Weet ik veel." Reka laat de verbogen stang los. „Maar ik weet wel waar ze heen gaat."

„Regelrecht naar Stef." Inge trekt een pruillip. „Krijgen jullie nou problemen?"

„Vast," knikt Alexander.

„Jij ook, wed ik." Reka geeft een klap op de rolstoel. „Die stang is helemaal scheef."

„Hij werkt zo ook wel," denkt Inge. „Kan iemand me erin helpen?"

„Als Reka even de teugels vasthoudt, help ik je," belooft Alexander.

Even later zit Inge weer in de stoel. Om te zorgen dat die niet weer wegglijdt, klemt Alexander een steen achter een van de wielen.

„Wat doen we?" vraagt Inge. „Gaan we terug?"

„Ben je gek," zegt Reka. „We krijgen nou toch al op ons kop. We kunnen beter zorgen dat de rest van de middag leuk wordt."

„Maar dan wel netjes blijven zitten verder," plaagt Alexander.

„Ja, meneer," lacht Inge. „Ik doe m'n best."

„Wil je zeggen dat je languit, op je gezicht, achter in de kar lag?" vraagt Bo ongelovig, als iedereen op de afgesproken plek is. Hij staat naast de kar en houdt Dorus aan de teugels vast. De bruine pony neemt een hap van een malse pluk gras.

„Ja," knikt Inge. „Echt waar. En mijn stoel lag op de grond. Kom eens dichterbij met Frieda, wil je, Anne?"

Anne trekt Frieda een stapje naar voren, zodat Inge over de grijze neus kan aaien. „En die wandelaarster, deed die niks om te helpen?" vraagt Anne ongelovig.

„Nee, ze had alleen maar commentaar." Reka heeft een deken op de grond gelegd en zet de picknickmand neer.

„Ze gaat ons verraden bij Stef," zegt Inge spijtig. „Jullie krijgen problemen."

„Het zal wel meevallen," verwacht Bo. „Stef is niet zo gauw kwaad."

Alexander heeft Tjitske uitgespannen en aan een boom gebonden. Hij klimt achter op de kar en vraagt: „Wil je op de grond zitten, Inge?"

„Ja, graag," antwoordt Inge. „Help jij me op de deken?"

„Tuurlijk," zegt Alexander. Hij tilt Inge uit haar rolstoel en zet haar op de deken.

Inge glimlacht lief naar Alexander en Reka ziet dat hij een beetje rood wordt.

Alexander duikt in de picknickmand. „Wat hebben we te eten?" mompelt hij.

Volgens mij vindt hij Inge leuk, denkt Reka terwijl ze zich ook op de grond laat zakken.

„Broodjes en koek," antwoordt Anne. Ze heeft Frieda haar halster omgedaan en bindt de pony aan een boom. „Ik lust wel een broodje kaas, als ik klaar ben met Frieda."

„Ik wil er een met stroop." Bo maakt Dorus zo vast dat hij

genoeg te grazen heeft.

Anne en Bo gaan dicht bij de picknickmand zitten. Ondertussen doen Frieda, Tjitske en Dorus hun best om alle grassprieten waar ze bij kunnen, op te eten.

Reka heeft Inge verteld over hun plan om Pepijn terug te krijgen. „Maar wat ik nou wil weten," zegt ze peinzend, „is waar we op moeten letten als we morgen pony's gaan bekijken."

„Op de bouw," weet Inge. „Hij moet stevige benen en een goede rug hebben. We zijn niet allemaal even handig en soms zitten we echt te bonken op hun rug."

„En verder?" wil Bo weten.

„Hij mag niet snel schrikken en moet van kinderen houden," legt Inge uit. „En hij moet rustig zijn en vlakke gangen hebben."

„Vlakke wat?" vraagt Reka verbaasd.

„Gangen," legt Inge uit. „Dat betekent dat je lekker moet kunnen blijven zitten, ook in draf."

„Net als bij Pepijn," begrijpt Reka.

„Ja," knikt Inge, „Pepijn is perfect."

„Dat is nou net het probleem," zegt Reka sip.

„Daar moet je nu niet aan denken." Anne slaat een arm om Reka heen. „Dit is een vrolijke middag."

„Hé," roept Bo plotseling.

Reka kijkt snel op. Dorus heeft zijn hoofd over Bo's schouder gestoken. Hij zet zijn grote tanden in Bo's broodje en scheurt er een flink stuk af.

„Dat is mijn broodje, hoor." Bo duwt Dorus' hoofd opzij. „Sinds wanneer lusten pony's stroop?"

„Hij lust het brood," lacht Inge. „De stroop neemt hij op de koop toe."

Dorus houdt zijn hoofd scheef en kauwt met open mond.

Reka moet lachen. „Hij krijgt het niet weg."

„Vers brood en stroop. Wat wil je, dat plakt allebei." Bo springt op en trekt Dorus terug naar zijn boom.

„Deze keer een stevige knoop, Bo," raadt Anne aan. „Anders komt hij weer op bezoek."

„Niks op bezoek." Zorgvuldig maakt Bo het touw vast. „Het volgende broodje lust ik helemaal zelf."

„Inhalig, hoor," lacht Alexander. „Je wilt niet eens delen met een hongerige pony."

„Gras zat." Bo zoekt een nieuw broodje uit en ploft op de grond.

„Als we klaar zijn met eten, maken we dan nog een rit door het bos?" vraagt Inge verlangend.

„Goed," knikt Alexander, „maar we gaan niet meer galopperen."

„Waarom niet?" roept Inge uit.

„Omdat ik geen ongelukken meer wil. Dan wordt Stef wel echt kwaad." Alexander propt een broodje in zijn mond.

„Hij heeft gelijk," valt Reka hem bij. „Stef is al niet blij met ons. Dat weet ik zeker."

HOOFDSTUK 7

De rest van de rit gaat alles goed. Na afloop zitten ze met z'n allen in het kantoor.

„Waar blijft Stef nou?" Reka heeft het benauwd.

„Die vrouw heeft ons echt verraden." Bo kamt met zijn vingers een klit uit zijn krullen.

Anne speelt zenuwachtig met haar bril. „Stef wil ons spreken, maar hij laat ons wel lang wachten."

„Dat doet hij expres," vermoedt Alexander, „om ons bang te maken."

„Denken jullie dat hij boos is?" vraagt Reka.

„Een beetje wel," antwoordt Anne. „Ik wou dat hij opschoot. Dan zijn we er vanaf."

„Zal ik intussen proberen de stang van je stoel recht te buigen, Inge?" biedt Alexander aan.

„Dat lukt niet," weert Inge af. „Ik heb het zelf al geprobeerd."

„Daar zijn mannenspieren voor nodig," schept Alexander op.

„Ik ben sterker dan jij," beweert Inge.

„Echt niet." Alexander maakt een vuist en laat zijn spierballen zwellen.

„Hij ís sterk, hoor," waarschuwt Reka.

„Ik nog sterker," houdt Inge vol.

„Oké, bewijzen," daagt Alexander haar uit. „Armpje drukken?"

„Goed." Inge rolt naar het bureau en zet haar elleboog erop.

Alexander gaat tegenover haar zitten, zet zijn arm stevig neer en pakt haar hand.

„Ik tel af," zegt Bo. „Een, twee, drie!"

Alexander duwt zo hard hij kan. Zijn spieren zwellen op en zijn hoofd wordt rood.

Inge lacht. „Het lukt niet, hè. Nou ik." Ze zet meer kracht en duwt Alexanders arm langzaam maar zeker omlaag. Met een plof raakt de rug van Alexanders hand het bureaublad.

„Je hebt gewonnen, Inge," juicht Reka.

„Jij bent sterk," zegt Anne bewonderend.

„Van rijden met een rolstoel krijg je nog sterkere armen dan van stallen uitmesten." Dat is Stef.

Meteen is het muisstil in het kantoor.

Stef gaat zitten achter zijn bureau en kijkt hen een voor een aan. „Het is jammer dat jullie niet even hebben overlegd," begint hij.

„Het is mijn schuld," zegt Inge snel. „Ze wilden mij een plezier doen."

„Hm," bromt Stef. „Dat snap ik wel, maar dit had fout af kunnen lopen."

„Ben je erg boos?" waagt Reka te vragen.

„Boos?" Stef haalt diep adem. „Ja, eigenlijk wel!" valt hij opeens uit.

Geschrokken gaat Reka zo ver mogelijk naar achteren zitten.

„Je zet toch geen rolstoel achter op de platte kar?! Weten jullie wel wat er allemaal had kunnen gebeuren?" gaat Stef boos verder. „Voor hetzelfde geld lag Inge nou in het ziekenhuis!"

„Maar..." probeert Alexander.

„Niks maar!" Stefs gezicht loopt rood aan. „Jullie mogen heel veel hier op De Bleshof en dan doen jullie zoiets! Dit valt me echt tegen van jullie."

„Sorry," mompelt Reka. Ze kijkt strak naar Stefs voeten.

„Daar heb ik niet veel aan," moppert Stef, maar hij klinkt niet meer zo boos.

Reka waagt het op te kijken. „Het spijt ons," zegt ze zachtjes. „We hebben er niet over nagedacht."

„Nee, dat blijkt." Stef trommelt met zijn vingers op het bureau.

„Zeg maar wat we moeten doen om het goed te maken," zegt Bo snel.

Stef kijkt hem onderzoekend aan. „Voortaan vertellen wat jullie gaan doen," bromt hij. „Zeker als het iets bijzonders is."

„Doen we," belooft Anne.

„Dat is makkelijk gezegd, maar doen jullie het ook echt?" Stef kijkt hen opnieuw een voor een aan. Allemaal knikken ze.

„Zeker weten," zegt Alexander.

„Jullie zijn goede helpers, maar ik ben en blijf de baas, dus..." vervolgt Stef.

Reka staat op, ze slaat haar armen om Stefs nek en zegt: „Weet je, jij bent de allerbeste en allergaafste baas die er is." Ze geeft hem een kus op zijn wang. „We zullen het echt nooit meer doen." Ze laat hem los en gaat op het bureau zitten.

Verbaasd wrijft Stef over zijn wang.

„Hé." Reka doet net of ze verontwaardigd is. „Dat was een kus, niks vies of zo."

En dan schieten ze alle zes in de lach.

„Het was gezellig gisteren met Inge, vind je niet?" vraagt Reka de volgende dag.

„Ja," antwoordt Alexander.

„Jij vindt haar leuk, hè, Alexander?" Reka gaat naast hem fietsen om te zien hoe hij reageert.

„Best wel." Alexander krijgt rode wangen. Hij kijkt snel de andere kant op.

„Zou een leuke vriendin voor je zijn," bemoeit Anne zich ermee. „Of niet dan?"

„Ik weet niet eens hoe oud ze is," antwoordt Alexander ontwijkend.

„Wat maakt dat nou uit, als ze maar lief is," zegt Bo en hij wijst naar voren. „Daar moet het zijn." Bij een brievenbus die bijna in een groene heg is verdwenen, blijft hij staan. Hij veegt de blaadjes opzij en leest: „Nummer twee. Dat is goed, toch? Hier moet die stevige pony staan."

Alexander controleert het adres op zijn briefje. „Ja, hier is het."

Netjes zetten ze hun fietsen aan de kant.

Reka stoot Alexander aan als ze het tuinpad op lopen. „Inge zit in groep zeven, net als Anne en ik. Dus je bent maar een jaar ouder."

Tot haar grote plezier wordt Alexander nog wat roder.

„En ze vindt jou ook leuk," helpt Anne mee. „Ik zag wel hoe ze naar je keek!"

„Of wil je geen vriendin die sterker is dan jij?" plaagt Reka.

Met grote passen loopt Alexander naar voren en belt aan. „We zoeken een pony, hoor," zegt hij.

„Ja?" vraagt de vrouw die de deur opendoet. Ze heeft een spijkerbroek aan met een geruite houthakkersbloes. Haar lange, bruine haren zitten in een paardenstaart hoog op haar hoofd.

„Dag, mevrouw," zegt Alexander beleefd. „Ik heb van de week gebeld voor de pony die u te koop hebt. We zouden hem graag zien."

Reka kijkt Alexander bewonderend aan. Hij klinkt heel volwassen en netjes.

Dat vindt de vrouw blijkbaar ook. Ze glimlacht en zegt: „Dat kan. Kom maar mee, hij staat achter."

De stevige bonte pony die in het weitje achter het huis staat, kijkt op als ze naderen.

„Mark, bezoek voor je," roept de vrouw.

Hinnikend draaft de pony naar hen toe.

„Is het deze?" vraagt Anne zachtjes.

„Ja," knikt de vrouw. „Lief, hè?"

„Heel lief." Reka zucht diep en steekt haar hand uit om Mark te aaien. Dit is dus niks, denkt ze.

„Hij is heel braaf en erg geschikt voor kinderen," meldt de vrouw trots. „Voor dressuur is hij te lomp, maar om buiten te rijden is hij super en hij kan ook ingespannen worden."

„Sorry." Alexander kijkt net zo teleurgesteld als Reka zich voelt. „Hij is erg leuk, maar veel te klein."

„Hij is bedoeld voor grotere kinderen." Anne kriebelt de pony over zijn voorhoofd. „Bij Mark slepen hun benen over de grond."

Heel snel staan ze weer op straat.

„Veel succes met zoeken," roept de vrouw hen na als ze wegfietsen.

„Dank u wel," antwoordt Alexander.

„Jammer, hij was leuk," vindt Anne.

„Ik hoop wel dat de rest groter is." Reka kijkt vragend naar Alexander.

„Ja." Alexander bijt even op zijn lip. „Dat weet ik zeker, want bij de rest heb ik het gevraagd of stond het in de advertentie. Omdat hier stevige pony bij stond, dacht ik dat hij ook groot was."

Op een kruispunt stopt Anne. „Welke kant moeten we op?"

„Rechtdoor," wijst Alexander. „Daar staat de bruine pony van 1.45 meter en 15 jaar oud."

Als ze de tuin in lopen, gaat de deur al open. Alexander wil vertellen wie ze zijn, maar hij krijgt geen kans.

„Kom binnen," zegt de vrouw in de deuropening uitnodigend. „Ik ben Irene, ik zat al op jullie te wachten. Jullie komen toch naar mijn pony kijken? Ik vind het zo geweldig dat jullie je inzetten voor gehandicapte kinderen. Ik zei laatst nog tegen een vriendin..." Irene ratelt maar door, terwijl ze voor gaat naar de keuken.

Alexander doet een paar keer zijn mond open om wat te

zeggen, maar hij krijgt er geen woord tussen. Hij kijkt hulpeloos naar Reka.

Die grijnst en beweegt haar vingers voor haar mond op en neer, net op het moment dat Irene omkijkt.

„O, ik klets weer veel te veel," merkt Irene op.

Reka krijgt een knalrode kop. „Sorry," mompelt ze, „ ik..."

„Geeft niks. Je hebt gelijk." Irene trekt een stoel naar achteren. „Ga zitten, jullie krijgen eerst iets te drinken. Jullie hebben vast dorst van het fietsen. Wat lusten jullie, thee, cola?"

„We hoeven niks, hoor." Alexander krijgt eindelijk de kans iets te zeggen. „We willen graag de pony zien."

„Die wacht wel." Irene duwt Anne op de stoel. „Het is geen moeite."

Terwijl ze cola drinken kletst de vrouw aan één stuk door. „Ik heb Beauty ooit voor mezelf gekocht, maar nu ik zwanger ben, mag ik niet meer rijden. En als de baby er is, heb ik geen tijd meer. Kinderen hebben veel aandacht nodig en..."

Reka laat haar ogen omhoog rollen en kijkt een keer scheel naar het puntje van haar neus. Anne duikt weg achter haar lange haren, ze schiet bijna in de lach. Alexander zit te wiebelen op zijn stoel, maar Bo weet hoe hij zulke mensen aan moet pakken.

„Goh," zeg hij, „wat leuk dat u zwanger bent, gefeliciteerd. Ik ben zo benieuwd naar Beauty, zullen we gaan kijken?" Hij giet zijn cola naar binnen, staat op en trekt de achterdeur open. „Hierdoor? Staat hij in de wei of in de stal?"

„In de stal, volg mij maar. Ik heb hem extra goed geborsteld voor jullie. Hij glanst helemaal en..." Irene snelt voor hen uit.

„Jij houdt haar aan de praat," fluistert Reka tegen Bo. „Dan bekijken wij Beauty."

„Goed, ik doe mijn best," belooft Bo en hij gaat naast Irene lopen.

Reka, Anne en Alexander blijven een stukje achter.

„Wat een klets," merkt Anne zachtjes op.

„Geen woord tussen te krijgen." Alexander wrijft de lok haar die in zijn ogen valt opzij.

„Bo kan het wel," grinnikt Reka. „Moet je zien, ze is helemaal weg van hem."

Irene buigt voor Bo langs om de staldeur open te maken en legt een hand op zijn schouder. „Dit is Beauty," zegt ze trots.

In de stal staat een glanzende, bruine pony. Hij heeft lange, zwarte manen en een grote, witte bles. „Hij is echt een beauty, vinden jullie niet?" vraagt Irene.

Reka moet haar gelijk geven, de pony is een plaatje.

„Nog een roze strikje in zijn manen en ze heeft al een baby," fluistert Anne in Reka's oor.

Snel draait Reka zich om. Ze probeert te doen alsof ze moet hoesten in plaats van lachen. „Uche... uche..." Het klinkt heel aanstellerig.

Alexander slaat hard op Reka's rug. „Gaat het?" vraagt hij poeslief.

„Au," schrikt Reka. „Ja hoor, het is al over," zegt ze er snel achteraan.

„Probeer hem maar," stelt Irene voor. „Hij is zóóó lief."

Terwijl Bo Irene bezighoudt, zadelen ze Beauty. De pony staat keurig stil, ook als Alexander opstijgt.

„Ga maar in het weiland." Irene opent de draad. „Rustig beginnen, hij is vast een beetje stijf. Ik heb al drie maanden niet meer gereden. Sinds ik zwanger ben, dat is nu dus..."

Reka luistert niet naar de waterval van woorden. Ze kijkt hoopvol naar Beauty. De bruine pony is erg braaf en hij is groot genoeg. Zou hij goed zijn?

HOOFDSTUK 8

Alexander stapt door het weiland.

Reka weet zeker dat ze iets raars ziet, maar ze weet niet wat. Met gefronst voorhoofd volgt ze Beauty's rondjes. „Hoe rijdt hij?" vraagt ze als Alexander langskomt.

„Hij zakt telkens door zijn achterbenen." Alexander schudt zijn hoofd. „Die zijn niet sterk genoeg."

„Misschien ben je te zwaar?" merkt Anne op.

„Zou kunnen." Alexander stopt en stapt voorzichtig af. „Probeer jij eens, jij bent veel lichter."

Anne maakt de beugels op maat en klimt in het zadel. Na één rondje is ze al terug. „Bij mij doet hij het ook," zegt ze. „Eng hoor, zijn kont zakt iedere keer weg."

Bo draait zich van Irene af en vraagt: „Is er iets?"

„Hij zakt door zijn achterhand," legt Alexander uit.

„O, dat is niet erg," zegt Irene snel. „Zijn achterhand is niet zo sterk. Die moet je goed trainen. Omdat hij zo lang stil heeft gestaan, merk je het beter, maar anders..."

„We hebben geen tijd om hem eerst te trainen." Reka is teleurgesteld. „Hij moet nu goed zijn."

„Zo kunnen er geen gehandicapte kinderen op rijden," vindt Alexander. „Die hebben een pony met stevige benen nodig."

„Ach ja, misschien heb je wel gelijk," geeft Irene toe. „Jammer, ik had het zo leuk gevonden. Mijn Beauty die met die arme kinderen rondrijdt en..."

„Het kan echt niet, al is hij nog zo lief," begint Bo uit te leggen.

Anne en Alexander brengen Beauty terug naar zijn stal. Reka gaat vast naar de fietsen, ze heeft genoeg van het geklets van Irene. Hangend op het stuur denkt ze: het leek nog wel zo'n goede pony. Opeens voelt ze een arm om haar schouders.

„Kop op, Reka," zegt Anne. „Dit is pas de tweede. We hebben er nog twee te gaan. Wedden dat daar een goede bij zit?"

„Ik hoop het." Reka gaat rechtop staan. „We gaan verder," zegt ze dapper. „Op naar de volgende."

„Zodra Bo weg kan komen," zegt Alexander. „Je bent niet zomaar van die Irene af..."

„Ik hoop dat deze niet zoveel kletst." Anne slingert over de weg.

„Irene was best aardig," vindt Bo.

„Dat jij tegen dat geklets kan." Reka remt hard. „Anne, kijk uit! Je snijdt me."

„Sorry," roept Anne en ze slingert verder. „Ik probeer mijn handvat goed te doen. Dat is er bijna af."

„Ik heb een stel tantes die ook zo kletsen," legt Bo uit.

„Echte kletstantes dus," lacht Reka.

„Anne, pas op voor die pony!" roept Alexander opeens.

Een voskleurige pony galoppeert over de weg, recht op Anne af.

Anne kijkt op en remt zo hard als ze kan. Slippend komt ze

tot stilstand. „Wat doet die nou hier?" vraagt ze geschrokken.

De pony draaft met opgeheven staart langs Anne. Als hij probeert Alexander te passeren, grijpt die hem bij zijn halster. „Ho, ho..." zegt hij kalmerend, „rustig maar."

„Waar zou hij vandaan komen?" vraagt Reka.

„Ik denk van haar." Bo wijst naar een meisje met rijlaarzen aan, dat hijgend dichterbij komt.

„Hou haar vast," roept het meisje. „Laat haar niet weer ontsnappen."

„Bij mij loopt niet één pony weg," beweert Alexander verwaand.

„Devil loopt bij iedereen weg." Het meisje neemt de pony over. „Kreng," scheldt ze. „Doe toch eens normaal."

„Echt makkelijk is ze niet, of wel dan?" merkt Bo op.

„Valt mee." Het meisje maakt met een vlugge beweging een touw vast aan het halster. Devil probeert in haar hand te bijten, maar mist.

„Dat heb je vaker gedaan," zegt Reka.

„Ja, ik heb haar al jaren, ik weet hoe ze is," knikt het meisje. „Bedankt voor het vangen. Ik moet terug, er komen mensen naar haar kijken."

„Ik denk dat wij dat zijn." Alexander klopt Devil op haar hals.

De pony schraapt met haar voorbeen over het asfalt.

„Je kunt beter van haar afblijven," waarschuwt het meisje. „Ze houdt er niet van om aangeraakt te worden."

„O." Alexander kijkt haar dom aan.

Het komt niet vaak voor dat Alexander niks weet te zeggen, denkt Reka.

„Als jullie voor Devil komen, ga dan maar mee." Het meisje geeft een ruk aan het touw. „Stap, Devil. Terug naar de stal."

Alexander loopt met de fiets aan de hand naast haar. „Waarom verkoop je haar?"

„Ik ben te groot," legt het meisje uit, „ik krijg een paard."

„Dus je verkoopt haar niet omdat ze vals is?" vraagt Reka recht voor zijn raap. Ze kan niet geloven dat iemand zo'n pony wil.

„Welnee." Het meisje kijkt over haar schouder. „Je kunt beter niet achter haar fietsen. Ze wil nog wel eens schoppen," waarschuwt ze Bo.

Devil slaat meteen haar achterbenen uit en tikt met haar hoefijzer tegen Bo's nieuwe fiets.

„Mijn fiets!" roept Bo.

„Wees blij dat ze jou niet heeft geraakt." Het meisje haalt haar schouders op.

„Moet je zien, er zit een dikke kras op," moppert Bo. „Echt iets om blij over te zijn."

„Devil is niet makkelijk in de omgang," gaat het meisje verder, alsof er niks is gebeurd. „Maar meteen als je erop zit, is het een schatje. Dan doet ze alles voor je."

„Zo'n pony is toch niks voor gehandicapte kinderen?" gooit Reka eruit.

„Ze is echt heel braaf als je erop zit, hoor," beweert het meisje. „Dan is ze super."

„Ja, vast." Reka slaat ongeduldig op haar stuur.

Devil springt met vier benen de lucht in en hapt naar Alexander.

„Zie je het al voor je?" vraagt Reka. „Een meisje dat met rolstoel en al opzij moet duiken omdat lieve Devil haar probeert te bijten of te schoppen of weet ik veel wat?"

„Een gehandicapte moet er ook op zien te komen," zegt Bo. „Ze kunnen niet eens in de buurt komen."

„En af en toe knuffelen is ook leuk," vindt Anne.

„Knuffelen?" Het meisje kijkt alsof het een vies woord is.

„Ik ben bang…" Alexander zet zijn deftige stem op. „Dat deze pony niet is wat wij zoeken."

„Nou, dan niet." Het meisje haalt haar schouders weer op. „Dan hoeven jullie ook niet verder mee te gaan."

Met z'n vieren blijven ze achter. Het meisje slaat een zandpad in zonder nog om te kijken. Devil duwt haar in de bocht bijna de sloot in.

„Die pony is levensgevaarlijk," merkt Anne op.

„Niet te geloven dat ze denkt dat ze zo'n pony kan verkopen," vindt Bo.

„En al helemaal niet aan ons." Alexander gaat op zijn bagagedrager zitten.

„Dat was al nummer drie," zegt Reka sip. „Waar staat de laatste, Alexander?"

„Op de Eikelkampen," leest Alexander van zijn briefje.

Samen met Bo buigt hij zich over de kaart om te zien welke kant ze op moeten.

Anne knijpt Reka zachtjes in haar arm. „Niet opgeven, hoor, het lukt ons best."

Terwijl ze onderweg zijn naar het adres van de laatste pony, fietsen ze langs een bak waar een bruine pony in staat. „Die pony is wel braaf," wijst Reka.

Op de rug van de pony zit een jongetje. Hij glijdt langs de ponybillen omlaag.

„Hij heeft alleen een halster met een touw om." Anne stopt.

„Zo'n pony zoeken we." Reka gooit haar fiets in een droge sloot. „Hoi," roept ze tegen de jongen. „Is die pony van jou?"

„Ja," antwoordt de jongen trots.

Reka klimt over de bakrand. „Die vindt ook alles goed," zegt ze vriendelijk.

„Alles," schept de jongen op. „Kijk maar." De trotse eigenaar bukt en loopt onder de buik van de pony door. „Echt alles."

„Dat is gevaarlijk, hoor," waarschuwt Anne vanaf de kant.

„Hoezo?" zegt de jongen stoer. „Mozes doet nooit iets."

„Tenzij hij denkt dat er een vlieg zit en ernaar slaat," merkt Bo op.

„Poeh." De jongen blaast zijn wangen op. „Daar is Mozes veel te slim voor."

„Zo'n pony moeten wij hebben." Reka aait het dier over zijn neus.

„Hoezo?" De jongen knijpt zijn ogen tot spleetjes.

„Alles goed hier?" Een man in overall komt uit het huis dat naast de bak ligt. Hij veegt zijn verfvingers aan zijn been af.

„Ze willen Mozes afpakken, papa," roept de jongen.

„Rustig Erik, wat bedoel je?" vraagt zijn vader.

„Die griet hier zegt dat ze Mozes moeten hebben." Erik grijpt een handvol manen en trekt zijn pony naar zich toe.

„Je snapt het niet," protesteert Reka.

„Waar gaat dit over?" vraagt Eriks vader aan Reka.

„Uw zoon begrijpt het verkeerd." Alexander komt achter Reka staan.

Nog nooit is Reka zo blij geweest dat Alexander er is.

„Jullie blijven van Mozes af." Erik geeft Reka een duw.

„Hé," roept Reka verontwaardigd.

„Hou op, Erik." De schilder pakt zijn zoon bij zijn arm. „Laat ze eens vertellen wat ze wel willen."

„Wij zijn op zoek naar een brave pony," begint Reka.

„En de pony van uw zoon is erg braaf," vult Alexander aan.

„De braafste pony van de wereld," beweert Erik.

„En wat willen jullie met die brave pony?" vraagt zijn vader.

„Die wordt lespaard voor gehandicapte kinderen," zegt Alexander op volwassen toon. „Paardrijden is erg gezond voor gehandicapten."

„Voor mij ook," gilt Erik en hij springt op de ponyrug.

„Jij bent lenig," prijst Reka.

„Veel geoefend." Erik klopt Mozes op zijn kont en de pony stapt door de bak.

„Ik heb Mozes juist gekocht omdat hij zo braaf is," vertelt de schilder. „Erik is erg druk en door de omgang met Mozes kalmeert hij een beetje."

„Wilt u hem verkopen?" vraagt Reka hoopvol.

Voor zijn vader kan antwoorden, gilt Erik: „Je mag hem niet verkopen, pap! Mozes is mijn vriend!"

Geschrokken gooit de pony zijn hoofd omhoog.

„Je hoort het," antwoordt de schilder. „Mozes is van Erik

en die wil hem houden."

„Mozes mag nooit meer weg. Mozes hoort bij mij." Opgewonden wipt Erik op en neer op de ponyrug. „Ga weg, jullie." Erik stuurt Mozes recht op Reka en Alexander af. „Weg," gilt hij. „Weg!"

„Jullie kunnen beter gaan," knikt de schilder. Tegen zijn zoon zegt hij: „Mozes blijft hier, Erik. Doe eens rustig."

Op het laatste moment buigt Mozes af en loopt vlak langs Reka.

„Pas als ze weg zijn." Erik rukt aan het touw en stuurt Mozes opnieuw naar Reka toe. „Loop haar om, Mozes. Doe het!" spoort hij zijn pony aan.

„We gaan al." Reka rent naar de bakrand.

Alexander loopt rustig achter haar aan. „Sorry dat we uw zoon van streek hebben gemaakt," verontschuldigt hij zich.

Reka klimt over de bakrand en raapt haar fiets op.

„Wat een schreeuwerd," zegt Anne.

„Hij wil gewoon zijn pony niet kwijt." Bo haalt zijn schouders op.

„Ik snap hem wel." Reka stapt op haar fiets. „Het is afschuwelijk als je pony weg moet."

„Paardendieven," schreeuwt Erik hen achterna. „Ga weg, dieven!"

Pas als ze het geschreeuw niet meer kunnen horen, verzucht Reka: „Op naar de laatste. Als die maar goed is..."

„Ja," zegt Alexander, „dat moet 'm zijn."

HOOFDSTUK 9

Op weg naar de vierde en laatste pony van het lijstje herhaalt Reka de hele weg in zichzelf: dit is een goede. De laatste is de beste. Dit is een goede. De laatste moet de beste zijn...

Ze schrikt op als Anne roept: „Kijk, als dat 'm is, zitten we goed."

In de wei langs de weg staat een zwarte pony met vier witte benen en een witte neus.

„Goede maat, goede benen en een stevige rug." Bo zet zijn fiets op de standaard en loopt naar de draad waarmee het weiland is afgezet.

„Is het hier, Alexander?" vraagt Reka hoopvol.

„Ja," knikt Alexander. „Maar of het om deze pony gaat?"

Anne kruipt onder de draad door. „Ik hoop het, deze ziet er goed uit," zegt ze.

„Hé, wa mot da daar!" Zwaaiend met zijn stok komt een oudere boer aanstampen. Zijn gele klompen kletsen op het asfalt van de weg.

„Dag, meneer," groet Alexander met zijn netste stem. „Is dit de pony die te koop is?"

„Hij's te koop, ja," geeft de boer toe. „Ha'k jou aan de lijn laatst?"

„Ik heb u gebeld," knikt Alexander. „We zoeken een brave pony."

„De braafste die d'r is." De boer slaat met zijn stok tegen zijn klomp.

De zwarte pony kijkt even op. Hij schrikt niet snel, denkt Reka tevreden. Dit gaat goed.

„Ik zie het," merkt Bo op.

„Je ken d'r alles mee doen," beweert de boer. „Hij wandelt achter uw aan, gelijk 'n hondje. Schrikt nooit. Doe ginne pas fout." Met een klap belandt de stok tegen een paaltje van de afrastering.

De pony reageert niet op de klap, hij duwt zijn neus tegen Anne in de hoop dat ze wat lekkers voor hem heeft.

„Ik heb niks, liefje." Anne aait hem over zijn rug.

„En met rijden?" vraagt Alexander. „Is hij dan ook braaf?"

„Rijen?" De boer spuugt op de grond. „Je ken nie op 'm rijen. Daar het-ie de pest aan."

„Niet rijden?" roept Reka teleurgesteld uit. „Dan hebben we er niks aan."

„'t Is 'n leuke bisje vor vor de kar. Vor op te rijen is 't niks, hij gooit je d'r gelijk af." De boer spuugt nog een keer op de grond.

Wanhopig laat Reka zich in de berm zakken. Dat was het dan, denkt ze somber. Geen vervanger voor Pepijn!

„Sorry," zucht Alexander. „We zoeken een brave pony waar je ook op kunt rijden. Deze is dus niet geschikt."

„Voor gehandicapte kinders, was 't nie?" mompelt de boer. „Kennen die rijen dan?"

„Ja zeker," antwoordt Alexander.

Met haar vinger tekent Reka een paardenhoofd in het zand. Als ze aan de manen wil beginnen, gaat de boer verder:

„Een kennis van me het 'n haflinger. Da bisje is superbraaf en ge ken d'r nog op zitten ok."

Reka springt op. „Verkoopt-ie hem?" vraagt ze hoopvol.

„Ja," knikt de boer.

„Dan gaan we kijken," beslist Alexander. „Waar staat hij?"

Het blijkt dat de pony een dikke dertig kilometer verderop staat.

Opnieuw laat Reka zich op de grond zakken. Teleurgesteld geeft ze de getekende pony korte, rechtopstaande manen. Dat is veel te ver, denkt ze.

Bo knielt naast haar neer. „We gaan met de bus," zegt hij troostend. „We geven niet op."

„Met de bus?" herhaalt Reka.

„Zeker weten," glimlacht Bo.

„Oké." Reka staat op en veegt het zand van haar zitvlak. „Wanneer gaan we?"

„Zo snel mogelijk," belooft Bo.

Het duurt een week voor Reka en haar vrienden de haflinger kunnen gaan bekijken. Een lange week, zonder Pepijn. Voor Reka is het de akeligste tijd sinds ze op De Bleshof helpt.

Ze hebben 's ochtends vroeg afgesproken bij de bushalte. De bus komt over drie minuten, maar Alexander is er nog niet.

„Wat doen we als hij te laat komt?" vraagt Anne.

„Op de volgende bus wachten," vindt Bo.

„Dat duurt een uur," kreunt Reka.

„Zonder Alexander gaan we niet," zegt Bo. „Hij kan goed met die grote mensen praten. Of wil jij dat doen?"

„Nee," zucht Reka. „Daar ben ik geen ster in."

„Daar komt hij," wijst Anne.

Alexander loopt snel in hun richting. Hij duwt een rolstoel voor zich uit.

„Met Inge?" merkt Reka verbaasd op.

„Hoi," roept Alexander van een afstandje. „Inge gaat ook mee! Zij weet het beste of die pony geschikt is."

„Als jullie het goed vinden?" vraagt Inge een beetje verlegen.

„Ja hoor," zegt Anne. „Gezellig juist."

„En Alexander heeft gelijk," vindt Bo. „Met jou erbij weten we het zeker."

Reka glimlacht. „Alexander heeft je zeker meegevraagd?"

„Niet helemaal." Inge krijgt een rood hoofd. „Alexander kwam vertellen hoe het gegaan was met jullie zoektocht. Toen hij vertelde dat jullie naar een haflinger zouden gaan, heb ik gevraagd of ik mee kon."

„En dat vindt Alexander een heel goed idee," plaagt Bo.

„Ja." Alexander krijgt een kleur.

Dat wordt nog wel wat met die twee, denkt Reka.

„Is je stoel weer gemaakt trouwens?" vraagt Anne.

„Ja," knikt Inge. „Mijn vader heeft de stang met een hamer recht geslagen."

„De bus," kondigt Bo aan.

„Hoe kom jij daarin?" wil Reka weten.

„O, dit is zo'n nieuwe met een lage instap." Inge haalt haar schouders op. „Als de chauffeur goed mikt, kan ik er recht van de stoep inrijden."

Langzaam rijdt de bus door tot de deur precies voor Inge is. De deur glijdt open en de chauffeur vraagt: „Lukt het, denk je?"

„Nou en of." Inge glimlacht vriendelijk. „Makkie." En ze rijdt naar binnen. „We gaan achterin, daar kan ik bij jullie zitten," roept ze over haar schouder.

„Dat ging een stuk makkelijker dan op de kar." Reka ploft op de bank.

„Ja, maar dit is veel minder leuk," vindt Inge.

„Wie weet waar we eruit moeten?" Anne gaat naast Reka zitten.

„De chauffeur." Bo loopt naar voren en praat even met de man achter het stuur. „Hij waarschuwt als we er zijn," meldt hij als hij terugkomt. „Maar dat duurt nog wel even."

Hoe verder ze komen, hoe stiller Reka wordt.

Inge legt een hand op Reka's knie. „Het gaat vast goed," merkt ze op. „Het is een haflinger."

„Dat slaat nergens op," lacht Bo. „Net of alle haflingers goed zijn."

„Niet allemaal, maar deze wel," zegt Inge met een ernstig gezicht.

„Ik hoop het," zucht Reka.

„Jongens achterin, we naderen jullie halte," roept de buschauffeur.

Reka's benen bibberen een beetje als ze opstaat. „We gaan ervoor," zegt ze dapper.

Het laatste stuk moeten ze lopen. Tegen de tijd dat ze bij de boerderij van de haflinger zijn, zijn de bibbers in Reka's benen verdwenen. In plaats daarvan heeft ze pijn in haar buik.

Voor de boerderij is een man bezig met het maaien van de slootkant. Hij kijkt verstoord op als ze bij hem komen staan. „Wat motten jullie?" vraagt hij onvriendelijk.

„Wij hebben gehoord dat u een haflinger te koop hebt," begint Alexander beleefd.

„O, hebben jullie dat gehoord? En wat dan nog?" Hij kapt met zijn zeis een bos lange rietpluimen af.

„We willen hem graag zien," gaat Alexander verder.

„Ik wil zoveel." De man maait een volgende pol. „Ga eerst je vader of moeder maar halen. Dan praten we verder."

Reka duwt haar hand tegen haar buik. Zijn ze voor niks dat hele eind hiernaartoe gegaan?

„Maar meneer," zegt Inge met een lief stemmetje, „we zijn helemaal met de bus hierheen gekomen. U kunt ons toch niet terugsturen. Ik wil zo graag een nieuwe pony."

De man laat de zeis langs zijn been hangen en kijkt Inge onderzoekend aan. „Is dat je zusje?" vraagt hij dan aan Alexander.

„Nee," zegt Alexander. „Een vriendin."

„En is die pony voor haar?" wil de man weten.

„Ja. Of eigenlijk voor op haar school. Daar hebben ze een brave pony nodig."

Reka kijkt van Alexander naar de man met de zeis en vervolgens naar Inge. Ze ziet Inge langzaam rood worden.

„Onze Gijs is erg braaf." De man praat nog steeds tegen Alexander. Af en toe werpt hij een ongemakkelijke blik op Inge. „Het zou wel wat voor haar kunnen zijn."

„Nou, zeg," ontploft Inge. „U kunt gewoon tegen mij praten, hoor. Ik heb wat aan mijn benen, ik ben niet achterlijk!"

Oei, denkt Reka, hou je rustig, Inge!

Langzaam legt de man de zeis op de grond en veegt zijn handen aan zijn broek af. „Zo zo," bromt hij, „jij bent niet op je mondje gevallen."

„Nee," zegt Inge nog steeds kwaad. „Mij mankeert verder niks, ik kan alleen niet lopen."

„Vooruit dan." De man wijst naar de inrit. „Kom verder, jullie mogen onze Gijs zien."

„Bedoelt u…?" vraagt Anne verbaasd.

„…dat we toch mogen kijken?" vult Bo aan.

Reka had het ook niet verwacht. Ze dacht dat de man boos zou worden en hen weg zou sturen.

„Daar komen jullie toch voor?" merkt de man op.

„Zeker weten," knikt Inge en ze rolt het erf op.

HOOFDSTUK 10

De haflinger staat in de wei bij een glanzend kastanjebruin, groot paard.

„Ze zijn allebei van mijn dochter," legt de man uit. „Maar voor Gijs heeft ze te weinig tijd. Dus is hij te koop voor een goede baas."

„Hij lijkt op Jasper, onze oude pony," roept Inge blij.

Gijs steekt zijn neus over het hek en snuift aan de rolstoel.

„Dag, knapperd," fluistert Inge.

De pijn in Reka's buik maakt plaats voor fladderende vlinders. Dit is 'm, denkt ze, deze pony is goed!

Alexander loopt keurend om Gijs heen. „Stevige benen, goede rug en braaf," somt hij op.

„Goed gezien," lacht Gijs' eigenaar. „Wil je op hem rijden? Dan weet je meteen hoe hij loopt."

„Mag dat echt?" vraagt Reka voor de zekerheid.

„Welja," lacht de man, „we zijn nou toch bezig. Ik haal een zadel en hoofdstel. Wacht hier maar even."

„Poeh," blaast Bo zachtjes, als de man weg is. „Ik dacht echt dat hij ons zou wegsturen."

„Ik ook." Reka slaat haar armen om Gijs heen en kletst: „Ben jij de ware?"

„Dankzij Inge mochten we binnen." Alexander tilt een been van Gijs op en kijkt naar de hoef. „Mooie sterke voeten."

„Goed, hè," grijnst Inge. „Soms heb je er voordeel van als mensen je zielig vinden."

„Dat heb je zeker," hoort Reka achter zich zeggen. Geschrokken kijkt ze om, recht in het gezicht van de eigenaar van Gijs. Hij heeft een hoofdstel en zadel bij zich.

„Maar medelijden heb ik niet meer met je," glimlacht hij. „Jij kunt goed voor jezelf zorgen."

„Zo is het," knikt Inge trots.

Na snel met een borstel het meeste zand te hebben weggeveegd, zadelen Alexander en Anne de haflinger op. Ondertussen vertelt Inge de man over Jasper, Pepijn en de paardrijlessen die ze op school krijgt.

„Gijs is heel geschikt voor dat werk, denk ik," zegt de man. „Probeer het maar. Zal ik je in het zadel tillen?"

„Ik ga er niet op, hoor," schrikt Inge. „Dat durf ik niet op een vreemde pony en al helemaal niet met een zadel. Dan kan ik me niet goed vasthouden."

„Wie durft wel?" vraagt de man.

„Ik!" roept Bo snel, dus mag hij er als eerste op. Na een paar rondjes in stap en draf meldt hij: „Hij luistert heel goed en is makkelijk te sturen."

Als tweede is Anne aan de beurt en zij is het helemaal met Bo eens.

Alexander wil niet, hij vindt zichzelf te groot en te zwaar.

„Daar heb je wel gelijk in," geeft Gijs' eigenaar toe. Dus helpt hij Reka de beugels op maat te maken.

Reka stapt en draaft zwijgend rond.

„En?" vraagt Inge gespannen.

„Mooie vlakke gangen," merkt Reka op. „Dat was toch een van jouw eisen?"

„Volgens mij is hij goed," knikt Inge ernstig.

„Ik weet het zeker." Reka stijgt af. „Hij rijdt keilekker en hij is hartstikke lief."

„Dan kan Gijs naar De Bleshof en houden wij Pepijn," zegt Inge.

„Ben jij gek!" schrikt Reka. „Ik wil Pepijn terug."

„Grapje," grinnikt Inge.

„Dus jullie zijn het erover eens dat hij goed is?" vraagt Gijs' eigenaar. „Zal ik hem inpakken? Dan kunnen jullie hem gelijk meenemen."

„Ik ben bang dat dat nog even moet wachten. We zullen eerst Stef en Helen zover moeten krijgen," legt Alexander uit. „Zij moeten beslissen."

„Laten we snel teruggaan naar De Bleshof," stelt Reka voor. „Stef moet naar Gijs komen kijken."

„Ik hoop dat hij net zo enthousiast is als wij," merkt Anne op.

„Veel succes," wenst de man hen toe. „Ik hoor wel of het lukt."

„Zo, zijn jullie daar eindelijk," groet Stef. „En Inge ook, zie ik. Kom binnen."

Samen met Inge stromen zijn vier helpers het kantoor in.

„We hebben een goede pony gevonden," begint Alexander meteen.

„Hij is zo lief en braaf," straalt Inge. „Zijn naam is Gijs en hij lijkt op Jasper."

„Dan kan Pepijn terug naar hier," zegt Reka blij.

„En kunnen we weer met z'n allen rijden," merkt Anne op.

„We weten zeker dat hij goed is," voegt Bo er nog aan toe. Hij legt een briefje voor Stef op het bureau. „Hier is het adres en telefoonnummer."

„Ik geloof niet dat ik het helemaal begrijp." Stef raapt het briefje op en staart ernaar. „Wat moet ik met dit adres?"

„Bellen en gaan kijken," legt Alexander uit.

„En je moet met Helen praten, Gijs ophalen en Pepijn terugbrengen," somt Reka op.

„Moet?" herhaalt Stef vragend.

„Wil je dat alsjeblieft doen, Stef? Alsje...alsje...alsjeblieft?" slijmt Anne.

„Dat bedoel ik, Stef," verbetert Reka zichzelf. „Wil je alsjeblieft met Helen gaan praten en Pepijn terughalen?"

„Ik zal eens kijken wat ik kan doen," antwoordt Stef ernstig.

„Oké," zegt Reka. „Wat zal het fijn zijn als Pepijn er weer is."

„Wacht even," waarschuwt Stef. „Ik ga kijken wat ik kan doen. Dat wil niet zeggen dat Gijs wordt gekocht. Helen weet nog van niks en er valt een hoop te regelen."

„O," zucht Reka teleurgesteld. „Ik dacht dat het al goed was."

„Ik doe m'n best," belooft Stef.

„Ga je nu Helen bellen?" dringt Inge aan.

„Later." Stef stopt het briefje met het telefoonnummer van Gijs' eigenaar in de bovenste la van zijn bureau. „Als het hier rustig is."

„Mogen we gaan rijden?" vraagt Anne.

„Doe dat," knikt Stef. „De paarden kunnen wel wat beweging gebruiken."

„Ik heb niet zo'n zin om te rijden," bekent Reka. „Ik ga Pipo halen."

„Mag ik jou helpen, Reka?" vraagt Inge gretig.

„Best," antwoordt Reka.

„Wil je ook Jaspers staart en billen wassen, Reka?" vraagt Stef. „Hij is aan de diarree en heeft een bruin-met-groene staart in plaats van een witte."

„Hij is toch niet ziek?" schrikt Inge.

„Niet echt." Stef staat op. „Hij moet nog wennen aan zijn nieuwe voer."

„Zullen we dan eerst Jasper verzorgen, Inge?" vraagt Reka.

„Ja, leuk." Inge klapt met haar hand op haar bovenbeen. „Ik heb nog nooit een paardenstaart gewassen."

„Je wordt kletsnat," wijst Reka.

Inge probeert vanuit haar rolstoel met de slang Jaspers staart nat te spuiten. Er komt meer water op haar schoot dan in de staart terecht. „Ik geloof niet dat dit werkt." Inge trekt een sip gezicht.

„Ik weet wat beters." Reka pakt de slang uit Inges handen. „Als jij nou bij Jaspers hoofd gaat staan en hem knuffelt, dan was ik zijn staart."

„Oké." Inge slaat haar armen om Jaspers nek. „Soms is het echt stom dat ik in dit rotding zit." Ze legt haar gezicht tegen de ponynek en sluit haar ogen.

Zwijgend maakt Reka de staart nat en zeept hem in. Ik weet niet wat ik moet zeggen, denkt ze. Het lijkt mij een ramp om niet te kunnen lopen.

Ineens tilt Inge haar hoofd op. „Sorry," zegt ze. „Soms baal ik even, maar het is alweer over."

„Ik snap het wel." Reka glimlacht. „Ik zou gek worden als ik in een rolstoel moest."

„Het is beter dan altijd in bed liggen," zucht Inge. „Wat denk je? Is er iets wat ik wel kan?"

„Borstelen?" stelt Reka voor. „Hoeven uitkrabben? Dat soort dingen?"

„Kunnen we dat ook bij Pipo doen?" vraagt Inge. „Die is klein, zelfs ik kan bij zijn rug."

„Goed, dat was ik toch al van plan." Reka pakt de slang en begint de staart uit te spoelen. „Als Jaspers staart schoon is, ruilen we hem om voor Pipo."

„Moet Jasper niet geborsteld?" wil Inge weten.

Jasper zwiept met zijn natte staart door de lucht en raakt Reka op haar buik. „Koud," rilt ze en ze trekt haar shirt naar voren.

„Jasper toch." Inge strijkt Jasper lachend door zijn lange manen. „Ben je het er niet mee eens? Wil jij ook geborsteld worden?"

„Het is al goed," geeft Reka toe. „We borstelen eerst jou, hoor, Jasper. Maar alleen als je die staart vanaf nu stilhoudt."

„Ik doe zijn buik en benen en jij de rest," zegt Inge vrolijk. „Want daar kan ik niet bij."

Reka en Inge brengen Jasper pas naar de wei als zijn staart spierwit is en hij helemaal glanst. Pipo staat al bij het hek te wachten.

„Ha, Pipo," begroet Reka hem. „Duurde het lang? Nou ben jij aan de beurt, hoor."

Pipo glipt langs Reka door het hek.

„Je hebt hem te lang laten wachten," lacht Inge.

„O nee," kreunt Reka, „waar gaat hij naartoe?" Snel laat ze Jasper los. De haflinger draaft een stukje en gaat dan grazen.

Pipo is helemaal niet van plan om weg te lopen. Hij heeft zijn hoofd op Inges schoot gelegd en laat zich lekker achter zijn oren kriebelen.

„Geen gezicht," grinnikt Reka. „Hij lijkt wel een hond."

„Je hebt zelf gezegd dat Pipo het verschil niet weet tussen een hond en een pony," herinnert Inge zich.

„Je ziet het, ik heb gelijk." Reka klopt Pipo op zijn rode kont. „Kom Pipo, we gaan jou poetsen."

„Laat je daarna nog een paar kunstjes zien?" vraagt Inge.

„Oké." Reka klikt een touw aan Pipo's halster en geeft het aan Inge. „Neem jij hem mee naar zijn stal? De eerste rechts is van hem."

„Gaat dat wel?" Aarzelend pakt Inge het touw.

„Als je je arm uitsteekt zodat hij naast het wiel kan lopen, moet het lukken." Reka pakt de handvatten achter de rolstoel en duwt Inge vooruit.

Pipo loopt keurig mee.

„Hij is wel slim, zeg," vindt Inge.

„Heel slim. Soms is dat een nadeel," antwoordt Reka.

„Wanneer dan?" wil Inge weten.

„Als je hem vastzet, bijvoorbeeld." Reka zet de rolstoel stil.

„Waarom?" Inge maakt het touw met een paardenknoop vast aan de ring in de muur.

„Let maar op." Reka zoekt in de poetskist naar de roskam.

Nog voor ze hem heeft, roept Inge al: „Wat knap! Hij pakt met zijn tanden het losse eindje, geeft een rukje en hij is vrij."

„Pipo is superknap." Reka heeft de roskam gevonden geeft hem aan Inge.

„Hoe zet je hem vast dan?" wil Inge weten.

„Niet!" Reka pakt zelf de hoevenkrabber. „Laat het touw maar hangen. Hij maakt toch alle knopen los."

Opeens zeilt Spot door de lucht en belandt op Inges schoot. De roskam klettert op de grond.

„Hé, Spot," moppert Inge. „Kan dat niet wat rustiger?"

„Hij zit graag op schoot," lacht Reka.

„Is dat zo?" Inge aait Spot over zijn rug.

„Volgens mij zit Spot graag hoog," merkt Reka op.

„Kan hij ook op Pipo zitten?" vraagt Inge. „Op zijn rug?"

„Ik zou het niet weten," bekent Reka. „Nooit geprobeerd."

„Zullen we het doen?" vraagt Inge.

Reka kijkt nadenkend naar Pipo's rug. Vervolgens kijkt ze naar Spot en zegt: „Waarom ook niet?"

HOOFDSTUK 11

Inge zorgt dat haar rolstoel zo staat dat Spot makkelijk kan overstappen.

„Hier, Spot." Reka klopt op Pipo's rug. „Op!"

Pipo kijkt nieuwsgierig om naar wat er allemaal gebeurt.

„Hup, Spot," moedigt Inge de hond aan en ze geeft hem een duwtje. „Stap maar over."

Aarzelend staat Spot op Inges schoot.

„Over, Spot," beveelt Reka. „Hier." En ze klopt opnieuw op de ponyrug.

Voorzichtig zet Spot zijn voorpootjes op Pipo's rug. Pipo legt zijn oren in zijn nek.

Langzaam duwt Inge Spot helemaal over. „Goed zo," kletst ze sussend. „Ga maar op zijn rug staan.

„Brave Spot. Brave Pipo," prijst Reka.

In een flits gaat Pipo's kont omhoog. Hij bokt zo hard dat Spot door de lucht vliegt en jankend op de grond belandt.

„Spot?" schrikt Reka. Ze knielt naast hem en steekt haar hand uit om hem te aaien.

Maar Spot vliegt overeind. Woest blaft hij naar Pipo en hapt naar zijn neus. Heel kalm draait Pipo zijn kont naar de hond en tilt een achterbeentje op. Spot maakt dat hij wegkomt.

„Gelukkig, die is nog heel," zucht Inge. „Anders zou hij niet meer zo hard rennen."

„Pipo wil dus niemand op zijn rug." Reka laat haar hand

rustig over Pipo's rug gaan.

„In elk geval geen hond." Inge grijnst ondeugend. „ Daar komt Stef aan. Goed dat hij niks heeft gezien."

Geschrokken kijkt Reka om. „Niet verklappen, hoor," fluistert ze.

„Ikke niet." Inge kijkt onschuldig naar de roskam die ze heeft laten vallen. „Wil je die even oprapen," wijst ze. „Dan gaan we borstelen."

Reka pakt de borstel en geeft hem aan Inge. Zodra Stef bij hen is, vraagt ze: „Heb je al gebeld voor Gijs, Stef?"

„Helen is niet te bereiken. Je zult geduld moeten hebben," antwoordt Stef.

„Dat heb ik niet." Reka kijkt diep teleurgesteld naar haar tenen.

„Verder alles goed hier?" vraagt Stef.

„Ja, Pipo is geweldig." Inge legt een vinger op het puntje van haar neus.

„Het is een leuk beest," glimlacht Stef.

„Jammer dat hij zo klein is en je niet op hem kunt rijden," vindt Inge.

„Over rijden gesproken, hoe vind je Pepijn?" wil Stef weten.

„Geweldig," zegt Inge. „Pepijn is super."

„Wanneer rijd je weer?" vraagt Stef.

„Woensdag." Inge hangt ver voorover om bij Pipo's been te kunnen.

„Ik zou ook wel weer eens op hem willen zitten," merkt

Reka verlangend op. „Al is het maar eventjes."

„Kom woensdag kijken. Dan vraag ik aan Helen of je na mij mag," biedt Inge aan.

„Graag," knikt Reka.

„De les is voorbij," roept Helen.

„Jammer," vindt Niels. „Ik wil best langer."

„Ik ook." Jenny klopt Penny op haar witte hals.

„Als het aan jullie ligt," lacht Helen, „komen jullie er nooit meer af. Hup, opschieten."

Inge is als eerste in het gangetje. „Kom, Reka," zegt ze, terwijl Jos haar in de rolstoel zet. „Jij mag."

Reka leidt Pepijn terug de bak in, recht naar Helen toe. „Helen, hoe zit het met Gijs?" vraagt ze.

„Hm." Helen fronst haar voorhoofd. „Ik weet het niet."

„Hoezo niet?" wil Reka weten. „Heb je hem niet gezien dan?"

„Jawel," antwoordt Helen.

„Nou dan," zegt Reka. „Dan weet je toch of hij goed is?"

„Niet echt." Helen schudt haar hoofd. „Het leek me een goede pony, maar ik vind het moeilijk om alleen te beslissen."

„Hij is perfect," weet Reka zeker.

„Stef gaat hem nog bekijken." Helen loopt naar de rand van de bak. „Ik ga de andere pony's op stal zetten," zegt ze. „We wachten af wat Stef zegt."

„Wachten, wachten. Altijd maar wachten," moppert Reka.

„Grote mensen moeten altijd zo lang nadenken voor ze iets beslissen," vindt Anne.

Pepijn duwt zijn neus tegen Reka's zij.

„Je hebt gelijk, Pepijn," merkt Reka op. „Ik kan beter gaan rijden nou ik de kans heb."

„Voetje?" biedt Anne aan.

„Graag." Reka pakt de beugel stevig vast en tilt haar linkerbeen op.

Anne vouwt haar handen samen en schuift ze onder Reka's schoen. „Poeh, je moet leren erop te springen," kreunt ze overdreven. „Je bent zwaar."

„Valt best mee." Reka trekt zich aan de beugel omhoog. Met een plofje belandt ze op Pepijns rug. Ze probeert de teugels te pakken, maar de beugel zit in de weg. „Hoe werkt dit?" vraagt ze aan Inge.

„Om de beugel heen," wijst Inge.

Het lukt Reka om haar handen op de goede plek te krijgen. „Stappen, Pepijn," beveelt ze en de fjord loopt aan. Reka schuift met haar billen heen en weer om de goede houding te vinden.

„Je moet verder naar achteren gaan zitten," weet Niels.

Reka schuift een stukje op.

„Niet zó ver," bemoeit Jenny zich ermee.

Reka schuift een centimeter naar voren en dan nog een. Het duurt even voor ze goed zit op het dekje, maar dan zit ze ook echt lekker. „Heerlijk," zucht ze. „Niks zit beter dan mijn eigen Pepijn." Na een paar rondjes durft ze te draven.

Het hobbelt best wel, dus houdt ze voor de zekerheid de beugel vast.

„Goed zo," moedigt Inge haar aan. „Valt niet mee zonder zadel zeker?"

„Het is wel heel anders," geeft Reka toe.

Bij de deur wordt hard geroepen. Pepijn tilt zijn hoofd op en hinnikt luid. Reka maakt zich zo lang mogelijk, maar het is zo vol, dat ze niet kan zien wat er gebeurt.

„Wat een leuke," hoort ze roepen.

„Is dat Jasper?"

„Nee joh, dat zie je toch."

„Is die voor ons?"

„Helemaal," hoort Reka Stef boven het lawaai uit roepen.

„Maak even plaats, jongens," commandeert Helen. „In de bak kunnen jullie hem allemaal zien."

Een lichtbruin hoofd met blonde manen duikt op tussen de groep kinderen.

„Gijs!" roept Inge en ze rolt naar hem toe.

Reka zet Pepijn stil. „Gijs?" herhaalt ze verbaasd.

Anne trommelt op Reka's been. „Dat zijn Stef en Gijs," gilt ze. „Dat betekent dat..."

„...Pepijn mee naar huis kan." De tranen rollen over Reka's wangen. „O, Pepijn," snikt ze. „Het is gelukt." Ze laat zich op de grond zakken en legt haar wang tegen Pepijns wang.

Even later voelt ze een grote hand op haar schouder. „Wat denk je, Reka? Zullen we Pepijn meteen meenemen?"

Reka kijkt op. „Graag," weet ze uit te brengen.

„Tuig hem maar gauw af," glimlacht Stef. „De wagen staat al klaar."

Vliegensvlug trekt Reka de singel los. „We gaan naar De Bleshof, Pepijn," fluistert ze. „Terug naar huis." Ze gooit het dekje en de beugel over de bakrand.

Ondertussen heeft Anne het halster bij de stal gehaald.

Reka verwisselt in hoog tempo het hoofdstel voor het halster. „Kom Pepijn, je mag mee," zegt ze. Maar voor ze Pepijn naar buiten kan leiden, wil eerst iedereen afscheid van hem nemen.

„Wat fijn voor je, Reka." Inge pakt Reka's hand en knijpt erin. „Ik zal Pepijn missen, maar ik kom hem opzoeken op De Bleshof."

„Leuk," antwoordt Reka. „Als je erop kan komen, mag je best nog een keer rijden," voegt ze er gul aan toe.

„We zien wel," zegt Inge. „Ik kan nu op Gijs, dus ik kan toch wel rijden."

Als iedereen Pepijn heeft geaaid, brengt Reka hem naar de paardenwagen. De wagen is van Piet, een vriend van Stef. Het is een kleine vrachtauto waarin twee paarden vervoerd kunnen worden.

Om in de wagen te komen, moet Pepijn de klep op lopen. Voor de klep aarzelt hij.

„Kom op," dringt Reka aan. „Je wilt toch zeker wel naar huis?"

Voorzichtig zet Pepijn een been naar voren.

„Goed zo," moedigt Reka aan. „Je durft het best."

Het lijkt wel of Pepijn haar verstaat: hij zet zijn andere voorbeen ook op de klep en loopt dapper naar binnen.

„Knappe pony," prijst Reka. Zorgvuldig bindt ze Pepijns touw vast. Ze wil er zeker van zijn dat hij veilig aankomt.

„Zo, hij mag weer mee terug?" merkt Piet op.

„Ja, fijn hè," straalt Reka.

„Rijden jullie ook mee?" vraagt Stef.

„Tuurlijk," zegt Reka. „Ik laat Pepijn niet meer alleen."

„En onze fietsen dan?" wil Anne weten.

„Die kunnen in de lege box." Piet maakt de stang al los. „Plek zat, nou er maar één pony mee hoeft."

Anne en Stef halen de fietsen. Reka wil Pepijn pas loslaten als het echt moet.

„Stef, waarom heb je niks gezegd?" hoort Reka Anne vragen.

„Het was nog niet zeker," legt Stef uit. „Ik moest hem eerst nog zien en ik wilde niets zeggen voor alles rond was."

„Ik ben zo blij dat het is gelukt," merkt Anne op.

„En ik nog veel meer," roept Reka vrolijk van achter uit de wagen.

„Passen we wel met z'n allen in Piets vrachtwagen?" Anne rijdt haar fiets de klep op.

„Voor één keer moet het lukken," vindt Stef. „Het is maar een klein stukje."

„Het wordt wel krap," voorspelt Piet.

Piet heeft gelijk. Boven op elkaar gepropt rijden ze naar De Bleshof. Het kan Reka niks schelen dat haar been klem zit en ze haar adem in moet houden. Ze is zo gelukkig!

Op De Bleshof staan Alexander en Bo te wachten.

Reka gooit de deur open en rolt naar buiten. „Hij is terug!" schreeuwt ze.

De jongens maken de klep open. „Welkom thuis, Pepijn," begroet Bo de fjord.

„Ha, Pepijn," zegt Alexander. „Wanneer gaan we buiten rijden?"

„Zo snel mogelijk," belooft Reka. Dolgelukkig leidt ze Pepijn naar zijn stal. Vlak voor de stal trekt Pepijn het touw uit Reka's handen, stormt naar binnen en steekt zijn neus in zijn voerbak. Teleurgesteld tilt hij zijn hoofd weer op.

„Ik ga wat lekkers halen," zegt Reka. „Wortels?"

Pepijn schraapt over de grond en hinnikt luid.

„Hij is er weer," merkt Anne lachend op.

„Gelukkig wel," zucht Reka.

Onderweg naar de schuur waar de wortels liggen, fluistert ze tegen zichzelf: „Ik ben zo blij dat ik hem weer terug heb. Pepijn is de allerliefste!"

grote wei